なぜローマ法王は世界を動かせるのか

インテリジェンス大国バチカンの政治力

徳安 茂

Tokuyasu Shigeru

PHP新書

はじめに――ひそかに世界を動かすバチカン

バチカンの国益とは何か

公使としてバチカンに赴任していた私は、２０１５年3月末、2年余りにおよぶローマの在バチカン日本国大使館での勤務を終え帰国した。

観光でみなさんも訪れる、ローマのサン・ピエトロ大聖堂や隣接するバチカン博物館は大変すばらしい。しかし、バチカンにはそれ以上の見えない何かが宝物のように隠されている。

日本では、バチカンは単なる「カトリックの総本山」と思われている向きがあるが、じつは政治の世界にも影響を与えうる、力をもった存在なのである。キリスト教という大きなバックボーンのもとで長い年月をかけて、世界史の重要な転換点においてハブ的な役割を演じてきたし、現在も国際情勢に多大な影響を与えている。

「バチカン」という名には、２つの意味がある。
①ローマ法王を頂点とするカトリックの総本山たる「法王聖座」（Holy See）
②国際法上の主権国家「バチカン市国」（Vatican City State）
「バチカン」は、いわば聖俗双方の組織を便宜上、一括して呼び習わしているわけである。両者の違いがわかりにくい面もあるが、宗教組織としての「法王聖座」と、行政単位としての「バチカン市国」のトップはともにローマ法王である。

主権国家である以上、追求すべき国益があり、国益を最大化するための外交がある。法王聖座とバチカン市国としてのバチカンが切り離せない以上、追求すべき目標（＝国益）も切り離せない。

では、バチカンの国益とは何か。

それは、キリスト教の理想を実現することであり、人類全体の福音に他ならない。ただ、これは広義の国益とでもいえるもので、具体的な判断を迫られる現実の外交では狭義の国益が追い求められる。すなわちキリスト教徒の擁護である。

バチカンは「キリスト教徒の擁護」という国益を追求するため、あらんかぎりの外交手段をつくしている。そう考えれば、一見、矛盾するバチカンの言動も比較的容易に読み解くことができる。

シリアに対する空爆への対応が好例だ。２０１３年９月、米国やフランスがアサド大統領による化学兵器の使用を非難し、空爆に向けた動きを見せていた。これに対し、フランシスコ法王は反対声明を出している。一方、２０１４年８月に米国がイスラム国（以下、ＩＳ）を掃討《そうとう》するためシリアとイラクの空爆を開始した際、法王は「不正義による攻撃が存在しているのであれば、その攻撃を阻止《そし》することは正当化することができる」とまで述べている。つまり、法王は２０１３年には空爆に反対し、２０１４年は空爆を容認しているのだ。

この違いは、「キリスト教徒の擁護」という国益から導き出されたものといえる。２０１３年にアサド政権に対する空爆が行なわれれば、シリア領内におけるキリスト教徒に敵意が向けられ、より危険な状況に陥《おちい》るおそれがあった。２０１４年の時点では実際にＩＳがキリスト教徒に危害を加えていたので、一刻も早くこれを防がなければならなかった。たった１年で空爆に対する姿勢が変わったように見えるが、バチカンにとってはなんら矛盾しないのだ。

当然のことながら、バチカンはいつも狭義の国益を追求しているわけではない。宗教的理想を実現することが本義であり、それゆえにこそ世界各国がバチカンの権威に敬意を払っている。

バチカン公使の仕事

国際情勢を読み解くうえで、バチカンがいかに重要な役割を果たしているかは本論に譲るとして、私がバチカンで何をしてきたのか、簡単に触れておきたい。

私が在バチカン日本国大使館で務めていた公使というポストは、在外公館のナンバー2にあたる。会議や交渉などに臨む特命全権大使を補佐し、大使が不在のときは臨時代理大使として、赴任国の政府と外交交渉を行なったり、大使館を代表して各種国際会議に出席したりする。大使と一緒に外交の第一線に立つことになり、緊張を強《し》いられることも多いが、同時に大変やりがいを感じることができるポストともいえる。

私自身、在バチカン日本国大使館で勤務した際は、法王庁外務当局関係者や世界各国からの外交団、さらにはバチカンをウォッチするジャーナリストなどの「バチカニスト」と幅広い接触をもつことができ、非常に有益な時を過ごすことができた。

公使のポストにはそれに加えて、もう一つ重要な任務がある。現地職員を含めた大使館員が一丸となって、効率よく職務を遂行しうるよう大使館全体の運営や調整に気を配る仕事だ。

ひと口に大使館員といっても、性格、能力ともにさまざまな個性をもつ生身《なまみ》の人間の集まりである。とくに在外公館という、本国から離れて機密情報も取り扱う特殊な職場環境では、配偶者まで含めた館員同士の些細《ささい》ないざこざがこじれて、大使館全体の運営に悪影響を与えることも起こりうる。

そのようなことを避けるため、常日頃から各館員の動向に気を使い、可能なかぎり良き相談者として振る舞い、大使館の和が保てるよう努めなければならない。

いわば、大使との関係では良き補佐役、一般館員との関係では良き相談者としての役割が期待されており、なかなか気苦労の多い中間管理職ともいえよう。

フランス語と外交

私はフランス語を専門としていた。なぜフランス語圏ではないイタリア、バチカンにいたのか、疑問に思われるかもしれない。国際共通語としての役割はいまでは完全に英語にとって代わられた面があるが、じつは20世紀初頭まで外交の世界でその役割を担っていたのはフランス語なのである。とくに舞台をバチカンの世界に限定していえば、フランス語は英語とは比較にならないほど重要な地位を占めてきた。

１０９５年にフランスのクレルモンで第1回の十字軍派遣を提唱したのはフランス人のウルバヌス2世法王だったし、その後、１２７０年の第8次遠征まで続く十字軍運動の中核をなしてきたのもフランスである。

また、法王庁がローマから南仏アビニョンに移された時代（アビニョン捕囚、１３０９〜１３７７年）には、7代にわたってフランス人が法王の座を独占している。英国では、英国国教会の独立と、カトリックとの離間という時代背景もあり、ヘンリー8世もエリザベス1世も、法王から破門宣告（前者は１５３３年、後者は１５７０年）を受けている。ちなみに、英国をはじめて公式訪問した法王はベネディクト16世であり、それが２０１０年であったことには少なからず驚かされる。

現在のバチカンでは、やはり時代の流れに抗すべくもなく、英語が幅をきかせているのが現実である。しかし、公用語はラテン語であり、口上書（任国政府と外交使節間の公式書簡）などの外交用語も基本的にはフランス語が使用されている伝統的な世界なのだ。そのような背景もあり、過去、フランス語圏諸国に赴任してきた私が在バチカン日本国大使館に勤務するようになったしだいである。

現法王は就任直後から様子が違った

バチカンは、カトリックの総本山であり、２０００年以上の歴史がある。かつ、現在も世界中に12億人以上の信者を有する世界最古で最大の組織である。

私がバチカンで勤務に就いたのは、２０１３年４月はじめだった。現法王フランシスコがそのトップとして、第２６６代ローマ法王に就任した直後である。この法王は、歴代の法王とは様子が違った。

まず住まいは、〝宮殿〟ともいわれる豪奢な法王専用住居ではなく、ほかの聖職者と同じ共同住宅を選んだ。これはあまりに異例のことである。法王専用車よりもシャトルバスを好むなど、バチカンの伝統にとらわれない、型破りの生活信条を貫いている。

２０１６年11月11日にホームレスの人たちを招いた際の法王の感想が印象的だった。彼らの一人が法王に対し、「自分よりさらに貧しく困窮している人たちがいる。その人たちのためにも祈ってほしい」と述べたという。この言葉にフランシスコ法王は大変感銘を受け、「これこそキリスト教の真の連帯精神である。富んだ者にはわかりづらいことであろう」と述べたという。この法王が単なる慈善以上の感覚をもって困窮者に接していることがよくわかるエピソードだ。

そういったことも手伝ってか、登場直後から世界的な人気が高まり、いまでは欧米諸国のメディアが競ってその動向を報道している。フランシスコ法王は大胆な改革を推し進め、バチカンは急速に変貌しつつある。

バチカンには、これまでとはまったく違う風が吹いている。

バチカン内部で法王を観察していた私は、それをひしひしと感じていた。加えてこの法王は、単なる「貧者や困窮者に寄り添う聖人」ではなく、意外な横顔をもっていることに気がついた。これも、本書を執筆するきっかけとなった理由の一つである。

キリスト教徒の世界平和を願うバチカンの影響力はときに甚大《じんだい》で、キリスト教圏以外の国にも影響をおよぼす。逆に、その影響力をプロパガンダとして利用しようとする国もあるほどなのだ。

この駆け引き、つまり外交がさまざまな国で陰日向に日々行なわれている。読者のみなさんには、バチカンと法王が、単に世界最小の独立国とそのトップというだけでなく、世界を動かすほどの重要な〝基軸〟であることを知っていただければ望外の喜びである。

なぜローマ法王は世界を動かせるのか

インテリジェンス大国バチカンの政治力〈目次〉

第1章

世界各国がしのぎを削る外交舞台

第2章 世界が熱狂するフランシスコ法王の素顔

第3章 少数精鋭のスピード外交と忍耐外交

第6章 日本とバチカンの深い関係

第1章

世界各国がしのぎを削る外交舞台

カトリックVSロシア正教会

2015年6月11日、フランシスコ・ローマ法王とロシアのプーチン大統領がバチカンで会談した旨が大きく報じられた。この二人が会談するのは前年に続き2回目だが、このときも握手している写真が世界中の新聞で大きく掲載された。米経済紙「フォーブス」の「世界で最も影響力のある人物2016年版」でプーチン大統領は、トランプ次期米大統領（2位）、メルケル独首相（3位）、習近平中国国家主席（4位）を押さえて1位となっている。フランシスコ法王は5位だった。さて、この世界の有力者二人はいったい何を話し合ったのであろうか。

報道によれば、このとき両者は1時間以上も会談した。もちろん二人で世界平和のために祈りを捧げたわけではなく、また息抜きの茶飲み話をしたわけでもないはずだ。

バチカンにもほかの国と同様、対外発表を行なう報道局がある。ホワイトハウスの大統領報道官にあたる、いわば政府のスポークスマンの役割を担う人物も存在する。しかし困ったことに、バチカンの報道局は秘密主義に貫かれている。

厳しい表情で見つめ合うプーチン大統領（左）とフランシスコ法王（右）。

通常の発表は、法王が「いつ、どこで、誰と会ったか」という、必要最低限の事実関係に限られる。肝心の会見内容については、テーマに言及することはあっても2、3行ですませてしまう。したがって、このときのプーチン大統領との会談の具体的な中味については想像するほかはない。

ここからが、在バチカンの各国外交官や、「バチカニスト」と呼ばれるバチカン専門ジャーナリストたちの腕の見せどころだ。報道局による公式発表の行間を読む。それぞれの知見や想像力、分析力を最大限、動員するのである。

法王とプーチンの会談が開かれた２０１５年６月とはどんな時期だったのか、簡単に振り返っておこう。

ロシアが２０１４年３月18日にクリミア自治共

和国と、セヴァストポリ特別市をロシア連邦の領土に加えて以降、ロシアと米国、EU（欧州連合）諸国との緊張関係はなお続いていた。2015年6月、米国政府は、ロシアがウクライナ東部の停戦合意後も親ロシア派武装勢力に対する支援を継続・強化している証拠があるとしてこれを強く非難。ロシアに対する牽制《けんせい》と同時に、バルト三国（エストニア、ラトビア、リトアニア）やポーランド、ハンガリーなどの安全保障上の懸念を緩和するため、これら諸国に米国製の最新鋭戦車や重火器などの武器を配備する方向で検討を始めたと報じられていた。

これら諸国は、ロシア帝国やソビエト連邦時代を通して、つねに軍事大国ロシアの脅威にさらされてきた歴史を共有している。したがって、ウクライナへの干渉を強めるロシアと、それに対する米国の対応を注意深く見守っていた。

冷戦時代は西側諸国の盟主として君臨した米国としても、欧州におけるこれ以上の求心力低下は避けたい。米国は、ロシアによる力を背景としたクリミア半島の領有という既成事実化に対し、有効な対抗手段をとることができなかった。オバマ前大統領がつねづね宣言していたレッドライン（許容範囲）を超えたはずであるにもかかわらず、である。バルト三国などにおける米軍前方展開戦力の強化は、オバマ前大統領の焦りを反映したものともいえる。

　プーチン大統領は、東欧諸国などに対する最新兵器の配備という米国の動きに素早く反応し、強い反発を示した。ロシアはただちに対抗手段として、核弾頭搭載可能な大陸間弾道ミサイル（ＩＣＢＭ）40基以上を、欧州方面に配備する意向を表明したのである。米政府の方針が正式に決定されれば、これまで経済制裁が軸だった対ロ制裁に、軍事的色彩が出てくることは否めない。したがって、ロシア政府からの反発もまたエスカレートしていくことが危惧されていた。

　ウクライナ情勢については、２０１５年2月に停戦合意が成立して以降も政府軍側と親ロシア派武装勢力との戦闘が続き、一時は、その帰趨《きすう》をめぐって世界が再び東西冷戦の時代に逆戻りしそうな気配が漂っていた。昨今、沈静《ちんせい》化した感はあるが、問題が解決したわけではなく、いつまたロシアとの関係で情勢が悪化するかわからないほど緊張した状態が続いている。さらなる事態悪化を防ぐために、打てる手は何でも打たなければならないというのがバチカンの基本的立場といえる。

　中世のバチカンは、イタリア全土の5分の1以上をローマ法王領として統治《とうち》し、自前の軍隊まで保持していた。しかし、いまのバチカンは経済力も軍事力もないことから、物理的な力を背景とした政治力は行使できない。

軍事制裁はもちろんのこと、経済制裁にも加わることができない。それどころか、平和的な手段ともいえる外交的制裁（大使の召還や外交官の追放など）すら行使しないのが、いまのバチカンの基本的な外交方針である。

しかし、バチカンの精神的権威としてのモラルパワーは、一定の条件さえそろえば、国際社会において無視しえない、かなりの政治的影響力をもっている。

たとえば、プーチン大統領のロシアである。ロシアは東方正教会（ロシア正教会）の国であり、歴史的にもカトリックのバチカンとは、ある意味、犬猿の仲ではある。またなによりも、20世紀初頭のボリシェヴィキ革命から1991年のソビエト連邦崩壊まで、70年以上も無神論を基本とする共産主義体制のもとに置かれていた。それでもキリスト教は滅びることなく、ロシア国民のなかに生き続けて今日に至っている。プーチン大統領個人が真摯《しんし》なキリスト教徒であるという説の真偽は別として、政治家プーチンは、自らの国内政治基盤を強化する必要から、キリスト教勢力の支持を得ておく重要性は、十分認識していたと思われる。

近年、バチカンの歴代法王は東方正教会との関係改善に熱心に取り組んできたが、とくにフランシスコ法王は、就任直後から、宗教対話の強化・促進を通じてカトリックと正教会との歴史的な和解を目指してきた。当然のことながら、ロシア正教会に対しても積極的な対話を継続しており、ロシア国内においても法王は無視できない存在となっている。事実、２０１６年2月12日、フランシスコ法王はロシア正教会トップのキリル総主教とキューバのハバナで会談したが、これは11世紀（１０５４年）にカトリックと東方正教会が分裂して以来、じつに約千年越しの歴史的会見となった。

ちなみに、ロシア正教会とは、ギリシャ正教会、ブルガリア正教会などと同じく東方正教会に属するキリスト教会であり、その最大宗派としてロシアを中心に約９０００万人の信者がいるといわれている。２０１５年6月、法王と2回目の会談を実現した当時のプーチン大統領は、西側諸国ではウクライナ問題をめぐる悪役としてとらえられ、経済制裁を受けるなど、総スカンを食っているような状況にあった。そのプーチン大統領にとって、西側の精神的権威の象徴的存在ともいえるローマ法王と会談し、両者が握手をしている写真が世界中に配信されることの意義は極めて大きいと受け止めたのであろう。

バチカンは、ローマ法王と各国元首との会見を法王側から申し込むことはなく、つねに相手側からの要請に応えるかたちで実現することを原則としているが、プーチン大統領の頭の中では、法王をプロパガンダに利用する価値も計算されていた可能性は否定できない。

フランシスコ法王は、そのあたりの事情を百も承知のうえで、プーチン大統領の要請に応え、この謁見《えっけん》を承諾したと思われる。さて、本章の冒頭に掲載した写真の中で、この二人の表情をもう一度よく見てほしい。

フランシスコ法王は、プーチン大統領の心の中まで射込むような厳しい目つきをしている。これを「あなたの立場と考えはよくわかっています。だが私は何も言いません。ただ同じキリスト教徒としてあなたの宗教的良心に訴えます」と解釈するのは、事柄をあまりに単純化したきらいはあるが、そうはずれた見方ではないと思う。

バチカンの土地は3000年前は埋葬地だった

そもそもバチカンとは、ローマの一角を占める土地の名前に由来している。3000年近くも前の話になるが、イタリア半島の先住民であり、当時、ギリシャ人と並んで高度な文明を築いていたエトルリア人がそのあたりを「バチカヌスの丘」と呼び、ネクロポリス

（古代の死者の街）として、もっぱら埋葬地として使っていたのである。

その後、ローマ文明が勃興《ぼっこう》してからも、長いあいだ、ローマ人の共同墓地として使用され、約２０００年前に殉教し、初代ローマ法王となった聖ペトロ（注：イタリア語でサン・ピエトロ）もそこに埋葬されている。聖ペトロは、紀元1世紀にローマ皇帝ネロによるキリスト教徒迫害の嵐が吹き荒れるなかで逆さに磔《はりつけ》にされ、この地に葬られている。

「はじめに」でも触れたように、バチカンには2つの性格がある。カトリックの総本山たる「法王聖座」としてのバチカンと、主権国家としてのバチカンだ。

歴史的には「法王聖座」が２０００年の過去を有するが、「バチカン市国」の誕生は20世紀に入った１９２９年のことであり、２０１７年でやっと88歳になる。

「バチカン市国」は、イタリアのムッソリーニ首相が、法王庁とのあいだでラテラノ条約を結び、国際的な法人格を有する、独立した主権国家を誕生させたことが発端となっている。わが国が戦前から、カトリックという一宗教の総本山に日本政府を代表する大使館を開設できているのもそれゆえである。なお、「バチカン市国」という名称はムッソリーニが命名したという。

それ以前のバチカンは、イタリアが１８７０年に実質的な国民国家を成立させたあとも、イタリアに法王領を保有するなど、イタリア政府とのあいだで複雑な諸問題を抱えていた。ラテラノ条約は、そうした歴史的経緯を有する関係を近代的な法概念で整理・規定し直した条約なのである。

当時は、これを実現させたムッソリーニの評価が急速に高まり、イタリア国民のみならず、世界中が彼の手腕を褒《ほ》めそやした。いまでは独裁者と評されるムッソリーニだが、宗教関連高級紙として評判の高いフランスの「ラ・クロワ」などは、コンスタンティヌス大帝（ローマ帝国内でキリスト教を認知した初のローマ皇帝）と対比するかたちで、その業績を讃《たた》えた。

バチカン市国はたった44ヘクタールの領土しかもたない世界最小の国であり、国全体がユネスコの世界遺産に登録されている。モナコ公国の約5分の1しかなく、東京ディズニーランドよりも狭い。ニューヨークのセントラル・パークにすっぽりと収まってしまうほど小さい国家だ。

また、バチカン市国の住民（そのほとんどはカトリック修道者。法王庁内の各施設で働く者は、ローマないし、その近郊から通勤している）は、２０１６年4月現在で８０９人ほど。独自の通貨はもたず、税金もなく、特段の国境管理もない、極めて特殊な国なのだ。

この世界最小の国「バチカン市国」が、12億人以上の信者を擁する「法王聖座」と一体となり、「バチカン」として行動するとき、国際情勢に多大な影響を行使しうる、世界的組織となるのである。

プーチン大統領がフランシスコ法王と会談したのは、こうしたバチカンの力を認識しているからに他ならない。ウクライナ問題にとどまらず、シリア情勢をめぐっても、ロシアは積極的にバチカンに働きかけた。これはロシアだけにかぎらない。米国、フランスなどその他の主要国もバチカンを舞台に外交の火花を散らせたのである。

仏大統領と米大統領が振り上げた拳

シリア情勢は、この３年間で大きく様変わりしている。

２０１３年当時は、アサド大統領はほぼ完璧な悪役として西側諸国から扱われていた。アサド政権は、リビアの独裁者カダフィの次に倒すべき標的となっていたところがある。しかしいまでは、中東地域におけるＩＳの伸張を抑え込むことが欧米諸国の最優先課題とされ、場合によっては、アサド政権の存続に目をつぶることを余儀なくされるほどの存在となった感がある。

じつは、このような展開になったターニング・ポイントにおいて、ローマ法王が発した声明が大きな影響を与えていた。

２０１３年初頭、米国やフランスの諜報機関は、アサド政権が反政府勢力に対して化学兵器を使用した動かぬ証拠をつかんだとして、これを国際場裡《じょうり》で強く非難、弾劾した。しかしアサド政権はこれを頑《かたく》なに否定。ついには、米仏両国がシリアに対する空爆を決定し、同年８月には軍事介入がいまにも開始されるという緊張感が高まった。

まさにそのような状況下で、バチカンは、軍事力の行使はいかなる国のものであれ、これに反対するという明確なメッセージを出したのである。

フランシスコ法王は同年９月５日に発表した声明で、「暴力と武力の行使は憎しみの連鎖を生むだけである。国際紛争は粘り強い対話と平和的交渉による以外に真の恒久的な解決はありえない」と訴えた。この声明は、名指しこそしなかったものの、当時の状況からして米国とフランスの対シリア（アサド政権）空爆を念頭に置いたものであることは明らかだった。

米仏両軍は空爆の準備を完了し、あとは大統領のゴーサインを待つだけとなっていたが、ローマ法王が声明を発表したあと、軍事介入は実現されなかった。

もちろん、この法王声明が直接的に米国とフランスの軍事力行使をストップさせたわけではない。ほかに重要な要因がいくつかあったのは間違いないだろう。たとえば、米国のいちばんの同盟国ともいえる英国は、議会対策もあり、対アサド政権空爆作戦には参加しない方針を決定していた。２００３年当時のサダム・フセインのイラクに対する軍事行動をはじめ、これまでつねに米軍と行動をともにしてきたあの英国が、である。

リビアのカダフィ政権打倒で空爆を主導したフランスの国内世論も、新たな軍事介入に対する嫌悪感が支配的であり、国民の支持が得られていなかったという事情もある。またなによりも、米国民のあいだには、イラクでもアフガニスタンでも米国の直接的軍事介入は失敗に帰した、という心理的後遺症が根強く残っていた。

したがって、すでに拳を振り上げるようなかたちとはなっていたものの、オバマ米大統領（当時）も、またオランド仏大統領も、その拳をどうするか苦慮していた。米仏両大統領にとって、このタイミングでのバチカンの反対声明は、ある意味、「渡りに船」の言い訳を提供することになったといえる。

アサド政権は生物・化学兵器に関しては、その存在自体を頑なに否定していたが、手のひらを返すようにOPCW（化学兵器禁止機関）の査察を受け入れる旨を表明。続いて、シリアの化学兵器をOPCWの管理下に置くことを承諾する用意がある旨を発表した。

この結果、とりあえず米仏の軍事行動は回避され、問題は平和的手段である外交交渉に委ねられる運びとなったのである。

「プーチンにはしてやられた」

ちょうどこのころ、プーチン大統領はこのような情勢をどう見ていたか。

ロシアの対中東政策において、シリアは昔から地政学的に重要な同盟国であり、軍事的にも経済的にも、アサド政権とロシアは深いつながりを有してきた。

シリアにとって、ロシアはいまでも最大の武器供給国である。シリアには、旧ソビエト連邦を構成していた国々からなる「独立国家共同体」（CIS）加盟国以外では、唯一のロシア軍事施設が存在する。イラクのサダム・フセイン政権やリビアのカダフィ政権が、西側諸国の軍事介入により崩壊したときと比べ、ロシアの対応が大きく異なった理由がこのあたりに隠されている。

2011年に英仏などの西欧諸国による軍事介入もあって、カダフィ政権が倒されたとき、ロシアは極めて冷淡だった。また、2003年にサダム・フセイン政権が打倒されたとき、対イラク軍事介入に国連安全保障理事会で拒否権を発動したのは、ロシアではなくフランスだった。これに対し、シリアという国は、ロシアの対中東外交政策上、長いあいだ極めて重要な同盟国として位置づけられ、現状の変更はそのままロシアの国益に反するものと見なされてきたのである。

ロシアにとって、ことシリアに関しては、相手が過激イスラミスト（イスラム教原理主義者）であれ、西側諸国の影響下にある民主主義を標榜《ひょうぼう》するグループであれ、現状の変更を招くことは許されない。プーチン大統領が当時もいまもアサド政権を陰に陽に支援するのは、不思議でもなんでもないのである。

先ほど触れた、バチカンによる対シリア空爆反対メッセージに、素早く反応したのもロシアのプーチン大統領だった。軍事介入に反対するフランシスコ法王の声明発表が2013年8月31日。それから日も浅い9月11日にはプーチン大統領が、米紙「ニューヨークタイムズ」にシリア紛争に関するロシア政府の意見書を寄稿している。

彼はそのなかで、フランシスコ法王の声明を引用しながら、「ほら、あのローマ法王ですら、米国とフランスの空爆には反対している」というメッセージをしっかり織り込んでいた。

フランシスコ法王自身は、自分は宗教指導者にすぎず、国際政治に介入する意図も能力もないと発言するのが常である。しかし、老獪《ろうかい》なプーチン大統領は、ローマ法王の発言や見解が国際政治においても、強いインパクトを与えることを正確に見抜いていたのだ。まさに間髪を入れず、ローマ法王発言の都合のいいところだけをうまく活用したといえよう。

私はフランス語を専門としていたこともあり、当時、在バチカン仏大使館の公使と仲良くしていたが、その彼が、「プーチンにはしてやられた」と苦笑いしていたのをよく覚えている。

フランスはバチカンの発言を無視できない

フランシスコ法王の人気は、就任直後からうなぎ登りだった。伝統的なカトリック国であるフランスには、バチカンの発言を無視しえない素地がある。このためもあり、ローマ法王が声明を出す前には、オランド大統領の特使が何度もパリからローマに飛び、バチカンを訪問していた。特使は、アサド政権による残虐なシリア国民弾圧の実態をバチカン側に説明し、対シリア空爆の正当性を訴えていたのだ。しかし、法王は空爆に反対する考えを鮮明にした。

私はそのあたりの事情を探ろうと、フランス大使館に出向いて、旧知の公使と面会した。この公使とは中国などアジア情勢も含めた幅広いテーマについて意見交換し、日本食に招待したり、向こうの家に呼ばれたりして、良好な関係を築いていた。彼の考えでは、法王の声明発表はロシア外交の「勝利」に他ならない。武力行使が必要であるとバチカンを説得しようとしたが、フランスにとってみれば、その努力がすべて無駄になった。「プーチンにはしてやられた」という彼の言葉には、そのあたりの悔しさがにじんでいた。彼がパリから派遣される政府特使にそのつど随行し、多大なエネルギーを傾注してきたことを知っていたこともあり、彼の苦笑いと嘆息の意味もよくわかるような気がした。

さて、実際に法王のメッセージが米仏両政府の空爆断念に、どの程度の影響をおよぼしたかについて、正確に測定するのは困難である。しかし、バチカン外務当局のある幹部の一人が「バチカンではこの声明が決定的だったと認識している」と、驕《おご》るふうもなく淡々と述べていたのが印象的だった。

　米仏両国がもくろんだアサド政権の打倒は、その後もますます難しくなっている。シリアを含む中東地域でＩＳＩＳという狂信的なテログループが新たに台頭し、武力だけでイラクとシリアにまたがるＩＳ樹立を宣言。その結果、西側諸国にとっては、このＩＳがアサド政権以上に深刻かつ喫緊《きっきん》の脅威として認識されるようになっていった。

　英、仏、独をはじめとする欧州諸国では、女性を含む多くの青少年がイラクやシリアに入り、ＩＳの側に立って実戦を経験し、テロの技術を学んだうえで帰国する現象が起こっている。現実に、欧州各国において、その彼らがテロを実行する事例が目立って増えている。

　過激極まりないイスラミストたちが武力によりつくりあげたＩＳの誕生に、アサド政権の思惑もからんでいたとの情報もある。ひとまず空爆の危機を免れたアサド政権が反対勢力の分裂を画策し、それまで拘束していた狂信的なイスラミストを、刑務所から故意に解放したのがＩＳ誕生の端緒《たんしょ》になっているというのだ。

　もしそれが事実であれば、現在のシリア情勢は、大筋ではプーチン大統領とアサド大統領が画策したラインに沿って進んでいるように見えてしまう。ロシアは、２０１５年10月に入り、ＩＳテロリスト掃討という名目でシリア領内の空爆を始めた。しかし、ロシアが空爆した地域にＩＳは存在せず、被害を受けたのは米国が支援する反アサド穏健派であったといわれている。

オバマ前大統領は、これに先立つ9月28日のプーチン大統領との会談で、シリア領内のＩＳ攻撃ということならばロシアの空爆を黙認するとの立場をとったが、実際は、ロシアによるアサド政権へのテコ入れ的な軍事行動としての色彩が強いという受け止め方が西側諸国の大勢だ。当時のオバマ政権による外交判断の甘さについては、共和党を中心とした米国議会による追及の的となった。

対応しきれないほどのシリア難民が押し寄せる欧州では、その原因となっているＩＳの勢力拡張を阻止することが外交的な最優先課題となっている。その結果、シリアの政情安定のためにならアサド政権の一定期間存続もやむをえない、との意見が支配的になりつつあるようだ。ドイツのガブリエル副首相は２０１５年9月25日、「シリア問題解決でロシアの協力をとりつけるためなら、ウクライナ問題をめぐる対ロシア経済制裁解除も検討すべし」とまで発言している。

オバマ政権は当時、シリア問題ではアサドの退陣に固執し、ウクライナ問題では対ロシア経済制裁の維持、場合によっては強化を主張していたが、これらの点に関し、欧州諸国とのあいだで隙間《すきま》風が吹きはじめていたのだ。オバマ前大統領は、こと国際外交においては、プーチン大統領に比べて後手後手の対応を余儀なくされていたといえよう。

フランシスコ法王がプーチンに信頼を寄せている?

バチカンによる対シリア空爆反対声明発表の約3カ月後、2013年11月にプーチン大統領はバチカンを公式訪問し、フランシスコ法王とはじめて会見している。プーチン大統領は専用機でローマを離れる際、「バチカンに新しい友人ができた」という言葉を残し、至極ご満悦の様子でモスクワに帰っていったと消息筋は伝えている。

法王もプーチン大統領に一定の親近感を覚えた節《ふし》がある。私がそう考えるのは、ある枢《すう》機卿《ききょう》からも「法王はプーチンに真摯なキリスト教徒を見出し、これを気に入ったようだ」と聞いていたからだ。

プーチンが敬虔《けいけん》なロシア正教徒であるとしても、カトリックとロシア正教会では隔たりがあろう。法王がロシア正教徒であるプーチン大統領に、ある種の親しみを感じたという私の見解に違和感を覚える人もいるかもしれない。

思うにフランシスコ法王は、宗派は違うが同じキリスト教徒としての宗教的信条を通じて、個人的な信頼関係を築く共通の土台が存在すると期待したのであろう。

法王は、在《あ》るのはキリスト教の神だけで、カトリックの神などいない、とまで発言したこともあると聞く。この法王は、他宗教の者であれ、無神論の者であれ、「神」の被造物である人間として相互理解の共通の土台があると信じている節がある。ましてや同じキリスト教徒であればなおさらなのだろう。

いずれにせよ、法王にとってもプーチン大統領にとっても、双方ともに対話のチャンネルを開けておく意義は、十分に認識していると思われる。プーチン大統領にとって法王は、内政上も外交上も政治的プロパガンダの道具としての利用価値が十分にある。

プーチン大統領とフランシスコ法王が２０１３年に会談したあと、私は二人が何を話し合ったのか、さまざまなルートを通じて探った。詳しい話は守秘義務があるので避けるが、ロシアにつながるある人物から、プーチンがウクライナに連邦制を導入する構想を示し、法王が頷《うなず》いたという話が入ってきた。しかし、この話を鵜呑《うの》みにすることはできない。ロシアによるプロパガンダである可能性が高い。私はバチカン政庁関係者に事実確認を試みた。

「それはロシア・バージョンだ」

返ってきた答えは予想どおりだった。つまり、連邦制導入によるウクライナに対するロシアの影響力確保にフランシスコ法王が反対しなかったというのはロシア側の解釈であり、バチカン側の解釈とは異なるというわけだ。こうした経緯を踏まえ、東京の外務省に法王とプーチン大統領の会談内容について両論併記の公電を送った。

こうした虚々実々の駆け引きは一種のゲームであり、外交の現場ではつねに起こりうる話だ。フランシスコ法王にとっても、プーチン大統領と会談する意義はある。米国やEU諸国とは異なる独自のアプローチで、ロシアに働きかけを行なうことが可能となるからだ。それゆえにこそ、法王は2015年、プーチン大統領と2回目となる会見を行なったのであろう。

「ウクライナ紛争の最大の犠牲者は真実である」

2014年の秋、ウクライナのカトリック系司教団がバチカンを訪問した。ちなみに、ウクライナは正教会の国であるが、歴史的な経緯もあって少数派ながらカトリック系のキリスト教徒も存在する。

司教団は、ロシアによる武力を背景としたクリミア編入を違法として糾弾《きゅうだん》。さらに、ロシアの影響下にあるウクライナ東部地域で、いかに残虐な人権侵害行為が行なわれているかを、直接ローマ法王に訴えにきたという。そして、彼らがローマ法王に謁見したあと、在バチカン米国大使公邸において、主として外交団を対象とした報告会を開催したのである。

報告会は非公式の会合であった。そうであろう。本来、ウクライナ司教団とは何の関係もない第三国の米国の大使公邸で開催されるのだから。その結果、報告会の開催直前に案内が届くというショート・ノーティス（急なお知らせ）な会合となった。また米国大使館は、はじめから報告内容に拒絶反応を示さなそうな国に絞って声をかけていた。当日の参加者は主として西側諸国の大使館関係者であり、また参加人数も限定されたものだった。

その報告内容の是非や真偽はひとまず措《お》くとして、同報告会に参加した私にとって、この会合は極めて強い印象が残るものとなった。

まず冒頭に米国大使からの紹介があり、続いてマイクの前に立ったのはウクライナ・カトリック司教団の代表だった。彼はいきなり、「ウクライナ紛争の最大の犠牲者は真実である」と宣言した。彼によれば、世界中のメディアはもちろんのこと、バチカンにすら本当の話は伝わっておらず、自分たちはその真実を直接、法王の耳に届けるためローマにやってきた、と言うのである。

聞き手に強いインパクトを与える非常にうまい出だしだな、と感心したのも束の間、続いて彼は、約800年近くも昔のモンゴル軍によるウクライナ侵略の話をもちだした。いわく1240年、バトゥに率いられた残虐無比なモンゴル軍によるキエフ侵略が間近に差し迫ったとき、当時のウクライナ・キエフ大公はバチカンに使者を急派し、ヨーロッパ文明世界の破滅が迫っていることを訴えたがバチカンは沈黙した。その結果、ウクライナはモンゴル軍に蹂躙《じゅうりん》された。徹底的な破壊と殺戮《さつりく》が行なわれ、その惨禍から回復するのに何百年もの歳月を必要とした。

司教団代表のスピーチは続く。いま東方から、新たにロシア軍という野蛮人の軍隊による、西洋文明に対する破壊の脅威が迫っている。歴史の過ちを二度と繰り返してはならない、とするものだった。この話を聞いたとき、当日の参加者のなかでただ一人、モンゴル系人種の顔を有していた私は、若干居心地の悪さを感じたのも事実だ。

しかし、そんなことよりなによりも、このウクライナ・カトリック司教団代表の時代錯誤ともいえるレトリックそのものに大きな驚きを禁じえなかった。このような訴えに対し、はたしてフランシスコ法王はいかに反応したのか、明確な報告はなされなかったが、思えばバチカンの時間感覚は、一般社会では考えられないほど長いスパンをとる特徴がある。バチカンを舞台とすれば、このような大昔の事例を引用したレトリックも、不自然ではなくなることを、改めて気づかされた。

その後、この司教団代表は、ロシアからの直接的支援を受けた、ならず者集団が実効支配するウクライナ東部地域において、どれほど深刻な人権侵害が日々行なわれているかを報告した。放火と破壊、殺人と強姦など、聞いていて胸が悪くなるような事例をこれでもかこれでもかと紹介したのである。私が法王庁関係者、外交団などから聞いたところでは、同地域での人権侵害事例は、濃淡がありながらも双方向であったらしく、事実はそう単純ではなかったという。

この報告会には、ＡＰ通信の記者をはじめ、若干の米国人ジャーナリストも同席していたとあとから聞いた。このような性格の報告会は、今度はロシア大使館が逆の立場から開催したと耳にした。そこでは、ウクライナ政府による同国東部ロシア系住民に対する弾圧と、彼らの分離独立闘争の正当性が強調されていたようである。ローマでは、バチカンを舞台とする米ロのプロパガンダ情報戦が日々闘わされているのである。

米国とキューバの国交正常化の立役者

外交戦略におけるバチカンの重要性を認識している点で、米国も例外ではない。

２０１４年12月、オバマ米大統領（当時）とラウル・カストロ・キューバ国家評議会議長がほぼ同時に、それぞれワシントンとハバナで、米キューバ関係の正常化に向けた外交交渉の開始を発表した。米国とキューバの外交関係は、半世紀以上前のキューバ革命を契機に１９６１年以来、断絶していたが、負の歴史に終止符を打ち、未来志向で新たな関係を構築すべく、米キューバ両国がともに手を携《たずさ》え努力していくことを高らかに宣言したのである。

この歴史的発表は、当地の外交団にも国際メディアにもまさに寝耳に水で、驚きをもって迎えられた。しかし、その立役者としてバチカンの粘り強い調停外交が存在したというのが、いまでは通説となっている。

ラウル・カストロ国家評議会議長（左）と、バチカンではじめて会談を行なった。

具体的には、米国政府が対キューバ外交で大きな舵を切る契機となった、米国人人質の解放劇で、バチカン外交が貢献している。当時キューバでは、深刻な健康上の問題を抱えているとされた米国人の人質が長期にわたり拘束されていた。その人質が命を落とすことなく、人道的な観点からキューバ政府の決断で自由の身となり、本国に無事送還されたのである。

この過程におけるバチカンの重要性に言及したのが、他ならぬオバマ米大統領（当時）だった。オバマ大統領はホワイトハウスで発表した声明において、二度にわたり、フランシスコ法王に対する感謝の気持ちを表明したのだ。さらに２０１５年９月23日にホワイトハウスを訪問した法王に対し、オバマ大統領は、「米キューバ国交回復でバチカンが演じた計り知れない貢献に深く感謝する」と改めて述べている。

ここでバチカン外交が奏功した背景には、キューバが共産主義体制をとっていながら、国民の大多数は革命後も熱心なカトリック教徒としてとどまっているという特殊な事情がある。またキューバは、革命により共産主義体制をとるに至った国のなかで唯一、バチカンとの外交関係を断絶しなかった国でもある。なにしろ、あのキューバ革命を実現させたフィデル・カストロ自身が、個人的にはカトリックとしての信仰を保持していたとされるようなお国柄なのである。

これに加え、キューバ国民のあいだでは、歴史上初の南米（アルゼンチン）出身の法王たるフランシスコの人気が非常に高かったという事実も無視できない要素であろう。一方、米国においても、東西冷戦が終結したにもかかわらず、フィデル・カストロ時代になんらの進展も達成できなかった対キューバ政策に新たなアプローチが求められていた、という背景も忘れるわけにはいかない。

したがって、米キューバ両国間の関係改善に向けて、すでに好条件が整っていたが、米国人人質の解放問題が大きなトゲとして残っていたのである。そのトゲをバチカンの仲介外交が取り除いたというのが真相といってもいいだろう。

外交とはタイミングなのである。健康上の危機を迎えていたというこの米国人の人質が、もしキューバで落命するような事態になっていたらどうだろうか。オバマ前大統領にとっては、米国議会や国内世論対策上、困った状況になったことは想像に難くない。

こう見てくると、今回の一幕でバチカン外交が功を奏したのも、種々の好条件が偶然、重なった結果であるともいえる。条件さえ整えば、バチカンはいまでも、世界が驚くような外交を展開してみせる能力を保持しているのだ。

ちなみに、私はこの米キューバ国交回復をめぐり、少々苦い思いがある。

ワシントンとハバナにおける歴史的な発表に先立つ数カ月前、つまり２０１４年９月ごろから、ケリー米国務長官が何回もバチカンを訪問し、しかも長時間バチカンで過ごしていた。あとになってこれに気づき、なぜその時点で「何かあるな」と想像力を働かせられなかったのか、と反省する在バチカンの各国外交官やメディア関係者が少なくなかった。

カトリックであるケリー国務長官のバチカン好きは、当時からすでに外交団のあいだではよく知られていた。私自身もこれは同長官のバチカン詣《もう》でにすぎないと考え、特段の注意を払うことはなかったのだ。

米キューバ国交回復を事前に察知する手がかりはほかにもあった。私が当時、親密な関係を築いていた米国大使館の次席館員が、多忙を理由に私との接触を避けるようになっていたのだ。彼とは定期的に食事の席で情報交換していたが、二度ほど「いまはちょっと無理なんだ」と誘いを断られたことがあった。もちろん、米キューバ関係の歴史的進展という事実までを見抜くことは不可能だったにせよ、その時点で「何かあるな」くらいの印象を感じとるチャンスはあった。

さらに思い起こせば、米キューバ関係の正常化宣言に先立つ2014年の夏、オバマ前大統領がバチカンを訪問し、はじめてフランシスコ法王と会見したときのことである。オバマもフランシスコも毒気のないユーモアやウイットが大好きで、双方とも会った瞬間から相手が気に入ったと伝えられているが、そのとき、ローマで開かれたオバマ前大統領の記者会見では、イタリア政府も公式訪問したはずなのに、もっぱらバチカン訪問の話ばかりしていた。これらの事実に鑑《かんが》みれば、オバマ前大統領とローマ法王の会談で、米キューバ関係の改善に向けてバチカンの支援を要請したのではないか、といまでは想像できる。

しばらくしてのち、駐バチカン外交団のあいだでは、米国大使館の公使の動きが話題の種となった。

「彼は国交回復の前につきあいが悪くなったけど、いまから考えれば、あのとき何かあったのかもしれないね」

　バチカンに駐在する英国やオーストラリアの外交官が、こう言って悔しがっていたのをいまでも覚えている。わずかなサインを見逃さず、他国の重要な動きを察知することも外交官の使命だ。米キューバ国交回復を事前に察知できていれば、本国政府にアピールする大手柄となる。それだけに、電撃発表は彼らにとって痛恨事だったに違いない。

　国際政治の主要舞台が、ワシントンやニューヨーク、ロンドン、パリ、モスクワ、北京などであるのは間違いないだろう。しかし、ついつい見落としがちなバチカンに対しても、つねに研ぎ澄まされた外交的アンテナを張っておく必要性は、おおいにあると痛感させられた。そして２０１５年7月1日、オバマ大統領（当時）はホワイトハウスにおいて、両国大使館の相互開設と外交関係の正式な樹立を宣言した。これでキューバ革命以来54年間も断絶していた国交が回復され、東西冷戦時代の遺物が解消される運びとなったわけである。

　もちろん、本当の意味での関係正常化にはまだ種々のハードルが横たわっている。これからも紆《う》余《よ》曲折《きょくせつ》があるのは確かだが、歴史は一歩ずつ着実に前進していることがよくわかる。

その後、２０１５年9月、フランシスコ法王はワシントンとハバナを公式訪問し、この歴史的和解に花を添えたが、キューバ訪問（9月19～22日）でも米国訪問（同22～27日）でも両国民の熱烈な大歓迎を受けた。米キューバ関係の正常化は、中南米の地政学的環境に新たな1ページを開くだけにとどまらず、その影響はいずれ世界の隅々にまでおよぶ可能性が大である。

キューバ訪問中の法王は、半世紀にもわたり政府と左翼ゲリラの武力衝突が続いてきたコロンビアの内戦にも終止符を打つべく、和平合意を促した。その後、同和平交渉の妥結を実現することで関係両当事者間の合意が達成された。紆余曲折の末、２０１６年11月24日に新たな和平合意が署名されている。またロイター通信によると、先に紹介したフランシスコ法王とロシア正教会キリル総主教との歴史的会談も、ラウル・カストロの仲介によりハバナで実現したという。そして２０１６年3月20日、オバマ大統領（当時）が現職の米国大統領としては88年ぶりにキューバを公式訪問するに至った。

このバチカンの仲裁外交の過程で得られた経験や反省が今後、参考とされる場面も少なくないのではないか。

バチカン外交がすべての国際問題の解決に貢献するとはいえないが、国際紛争は直接、

キューバでロシア正教会キリル総主教（左）と歴史的な抱擁を交わした。

当事者だけの交渉となれば、利害関係の衝突だけが前面に出て暗礁に乗り上げてしまいがちである。ここに善意の第三者ともいうべき仲介役が登場し、外交的モメンタム（弾み）とタイミングを失することなく調整すると、思わぬ事態打開の道が開けるものなのである。

とりわけ、キリスト教を下地とする文化を共有する国々においては、バチカンが恰好の役割を担う場面が少なくない。こうして見てくると、バチカン外交が国際社会全体の動向に与える影響力には、無視しえないものがある。

バチカンに接近するピューリタンの米国

いまでは米国とバチカンの連携は当たり前の

ようになっているが、両国の緊密な関係は決して当たり前の話ではない。

多民族、多宗教国家である米国は、国民の約2割がカトリックではあるが、プロテスタントが半数近くを占めているだけでなく、プロテスタンティズムは建国の精神でもある。17世紀初頭、英国や大陸ヨーロッパで主流だった英国国教会やカトリックの束縛を逃れ、自分たちの理想郷を求めて新大陸に移住した人たちがつくった、ピューリタン（清教徒）の国なのである。

彼らは、ヘンリー8世がカトリックの支配を脱すべく創設した英国国教会に対し、カトリック的要素が残存するとして不満を抱き、新大陸アメリカに渡った。正しく厳格純粋（ピュア）で、原理主義的なプロテスタントといえよう。

1960年、その米国ではじめてカトリック教徒が大統領として選出された。第35代ケネディ大統領である。オバマが黒人としてはじめて大統領に選ばれたときと同様、もしくはそれ以上の衝撃を当時の米国民に与えたといわれている。

そのころまでの米国の主流社会では、建国の経緯もあり、カトリックはある意味で異端者としてとらえられていた。ケネディも大統領選挙を通じてその点を攻撃され、「自分はカトリックを代表して米国大統領になるのではない。あくまで米国民を代表するものであり、カトリックに生まれたのは偶然である」と弁明に努めざるをえなかった。

米国がバチカンと正式な外交関係を樹立し、ローマに大使館を開設したのは１９８４年になってからである。ベルリンの壁が崩壊して東西冷戦体制が終焉《しゅうえん》を迎えるほんの５年前のことだ。これは、キリスト教国ではない日本の動きに42年も遅れている。あとで改めて触れるが、日本は太平洋戦争中の１９４２年にバチカンと正式な外交関係を結んでいるのである。

その米国とバチカンが急接近する大きなきっかけとなったのは、レーガン大統領とヨハネ・パウロ２世法王（ともに当時）が共産主義の危険性について認識を共有したことによるといわれている。

さらにその後、先代ブッシュ大統領の長男であるジョージ・W・ブッシュ大統領とベネディクト16世法王（ともに当時）とのあいだでもイスラム過激派に対する脅威認識が一致し、協力関係が緊密化した。ニューヨークのワールドトレードセンターを攻撃したオサマ・ビンラディンがローマ法王の暗殺を予告していたことも、両者の連携強化につながったと見られる。

そして２００８年、自身はメソジスト（プロテスタントの一派）であるブッシュ大統領は、カトリックのトップであるベネディクト16世をホワイトハウスに招待し、その中庭で同法王の誕生日を祝うという前代未聞の待遇をしている。その背景には、ブッシュの共和党が同性愛や中絶問題などでバチカンに近い立場をとっていたという事情もあったと思われるが、ワシントン、アダムズ、ジェファーソンなど「米国建国の父」が聞けば、腰を抜かしそうな話である。

米国がバチカンに接近する背景には、米国社会が人口動態的に大きな変貌を遂げつつあることもある。

ラティーノと呼ばれるメキシコからのカトリック系移民の増加が続いており、大統領選挙をはじめとする各種選挙において、カトリック人口の投票動向が当選か落選かの帰趨《きすう》を握るまでになっている。

オバマ前大統領が黒人としてははじめて大統領選挙に勝利したとき、さらにはその4年後の再選時にもカトリック系の票がおおいに貢献している。そして、この傾向は今後強まることはあっても、決して弱まることはないと考えられる。

この点は、新大統領に選出されたトランプ氏の態度にもうかがえる。２０１6年2月18日、トランプ氏がメキシコ不法移民の入国を阻止するために壁を築くと主張していることに対し、法王は「懸け橋ではなく壁をつくろうとする人はキリスト教徒とはいえない」と発言した。

これに対しトランプ氏は、「もしバチカンがＩＳのテロに攻撃されるようなことになったら、法王はトランプが大統領であったならと祈ることになろう。法王が個々人の信仰を疑問視するのは問題であり、私も驚いている」とただちに反論した。しかしその翌日には、「ローマ法王と争うつもりはない。私は法王を尊敬している」と軌道修正しているのだ。

米国政府が今後ともバチカンとの関係強化に乗り出すのは、至極当然の話といえよう。なにしろフランシスコ法王は、カトリックを中心にして世界中で絶大な人気を獲得しているのだから。

第2章

世界が熱狂するフランシスコ法王の素顔

専制君主としてのローマ法王

ローマ法王は、カトリックの世界において「神の代理人」と位置づけられている。カトリックは、現在、全世界で信徒総数が約21億7000万人とされるキリスト教の最大宗派（カトリック約12億人、プロテスタント約3億5000万人、ギリシャ正教約2億2000万人、残りその他宗派）だ。

カトリックはいわばキリスト教諸宗派の老舗《しにせ》といってもよい。ギリシャ正教はローマ帝国の東西分裂（395年）後に東ローマ帝国の国教として発展し、正式にカトリックから分離したのは11世紀に入ってからである。プロテスタントは、16世紀の宗教改革でカトリックから分離している。

カトリックの大きな特徴は、ローマ法王を頂点とする明確な組織性にあるといえる。プロテスタントや正教会は、カトリックのように世界中の信者を網羅する組織立った構成をとっていない。とくに、プロテスタントは教会（および聖職者）と聖書の役割に対する認識に違いがある。カトリック、プロテスタント双方とも同じキリスト教として教会も聖書も重要なのはもちろんである。しかしプロテスタントにおいては、個々人が神とつながっているのはあくまで聖書を通じてであり、その意味では教会や聖職者の役割は補助的なものととらえられている。16世紀の宗教改革以来の伝統といえよう。

これに対し、カトリックにおいて法王が有する権威は文字どおり神聖不可侵であり、その権力と役割はまさに専制君主のそれであるといってもよい。バチカンに属する者は、日本の首相にあたる国務長官であれ枢機卿であれ、みな法王に仕える個人的使用人のような立場にある。その意味では、法王への独占的な権力集中度は、米国における大統領のそれよりもずっと顕著であるといえる。

したがって、その時代時代の法王の性格や能力が極めて重大な意義をもつことになる。法王＝《イコール》バチカンといえるほど、法王の個人的資質がその時代のバチカンのあり方に濃厚に反映されるのである。

バチカンが国際政治のなかでどのように動き、今後どこへ向かっていくのかを考えるためには、法王個人に焦点を当てる必要がある。この章では、フランシスコ法王（１９３6～）がどのような人物なのか、私が在バチカン日本国大使館で勤務していた際の経験も交えながら検討してみたい。

日本人が知らない世界のスーパースター

日本ではあまり知られていないが、欧米、とくにカトリック系諸国のメディアでは、ほぼ毎日のように法王の一挙手一投足が報道されている。私はローマ滞在中、NHK国際放送をはじめ、世界のニュース番組を視聴できるスカイ・ニュースというシステムを利用し、各国の報道を観ていた。イタリアの各番組はもちろんのこと、BBCワールドニュース（英国）、フランス24（フランス）、CNN（米国）、ドイチェ・ヴェレ（ドイツの英語国際放送）、さらにはアルジャジーラ（カタールの英語国際放送）、RT（ロシアの英語国際放送）などにおいても、頻繁にローマ法王の日々の言動が報じられていた。

私もよく目にした光景であるが、毎週水曜日に行なわれる恒例の一般謁見や毎週日曜日昼の「お告げの祈り」の際などには、世界各地からやってくる信者たちでバチカンの南東部に位置するサン・ピエトロ広場が埋まり、まるでロックスターによるコンサートでも始まるのではないかと思わせるような熱気で溢《あふ》れるのである。ちなみに、一般謁見は、法王を間近に見られる最前部の席は別として、誰でも自由に参加できる。事前の許可も予約もいらない。

パリのエッフェル塔の下は、いつ行っても国際観光客の姿でいっぱいだが、毎週水曜日のサン・ピエトロ広場は、それをさらに拡大し、密度を高めたような様子だ。２０１４年に列聖式が行なわれてカトリックの聖人となった、先々代のローマ法王ヨハネ・パウロ２世も世界的人気を誇ったが、バチカン関係者にいわせると、その時代でもこんなにたくさんの人で広場が埋めつくされることはなかったそうだ。

参拝者は、少しでも良い場所を確保すべく朝早くから広場に集いはじめ、一般謁見終了後もサン・ピエトロ広場周辺のレストランやカフェなどにとどまることが多いので、当日はものすごい交通渋滞が発生する。ローマっ子やタクシー運転手もそのあたりの事情はよく知っているので、その日は広場周辺の道路を避けるのが常識となっている。

他方、この現象に喜んでいるのが、ローマのホテル、レストラン、カフェなどの観光関連ビジネスに携わる人たちである。とくに、バチカン周辺の土産物店は大喜びで、少し前までは閑古鳥《かんこどり》が鳴いていたような状況にあったが、いきなりの大盛況で大わらわとなっている。まさに「フランシスコ効果」とでも形容できる経済波及効果の恩恵に浴している。

「フランシスコ効果」なる言葉が最初に使われだしたのはフランスだったらしい。フランスは歴史的な経緯もあり、政教分離（laïcité：ライシテ）の伝統が根づいているが、いまでもカトリック大国であることに変わりはなく、社会党政権下においてもバチカンの影響は無視できない。

そのフランスで、宗教専門紙としてはいちばんの伝統と権威を誇る「ラ・クロワ」が、フランシスコ法王の就任後半年の２０１３年９月に実施した世論調査の結果が興味深い。それによれば、フランスにおけるカトリックの65％以上の人が、「新法王はカトリックの伝統的価値に新風を吹き込んでおり、カトリック教徒であることに積極的な誇りを感じる」と回答している。これはカトリック教徒を対象に実施した世論調査であり、その過半数が肯定的な回答をしたというのは一見当たり前のような印象を与える。

しかし、フランスでもカトリックの衰退やバチカン離れは長いあいだ続いており、ベネディクト16世前法王時代の２００８年に実施された同内容の世論調査では33％だったという事実に鑑みれば、フランシスコの人気が際立つ。宗教離れの傾向が長らく続いていた若年層のあいだでも、日曜日に教会に足を向けたり、教会が主催する各種行事への参加が増えたりと、カトリックに対する関心の回帰現象が起こっているともいう。

このような社会現象を指して「フランシスコ効果」なる言葉が生まれたらしいが、この傾向はほかの欧州諸国においても同様に見られ、世界的な広がりをもちつつあることが見てとれる。カトリック大陸といってもよい南米、カトリック人口の顕著な増大傾向が続くアフリカやアジアの国々においても似たような現象があるという。こうした人気はすでに数字となって表れている。

「聖ペトロ使徒座への献金」と呼ばれるバチカンの基金がある。

これは全世界のカトリック司教区から寄せられる献金を財源としており、バチカンの世界的な慈善活動を支えるための特別基金である。毎年６月29日のサン・ピエトロ記念節に献金が集められるためこの名がついているそうだが、献金額を見ると、２０１２年の総額が６５９０万ドルだったのに比べ、フランシスコが新法王に就任してわずか３カ月後の２０１３年６月には、献金総額が８０００万ドルを超えたという。

献金額の大幅な増加は、新法王の誕生を祝う、いわばご祝儀相場の側面もあったと思われるが、世界経済全体の低迷が続くなかでこの数字を記録したことは、フランシスコ法王の世界的な人気の高まりを反映したものと見ることもできる。

自分の言葉で話す、原稿を読まない法王

フランシスコ法王の人気の秘密は、いったいどのあたりにあるのであろうか。その理由は多々あろうが、類い稀《まれ》なるコミュニケーション能力もその一つに違いない。

法王による公的な発言の場では必ずスピーチ原稿が用意されているが、実際のスピーチで原稿を読むことはめったにない。いつでも大衆に向かって、アドリブで直接話しかけるのである。原稿そのものは手に持ったまま話を続け、スピーチ途中でふと気がついたように原稿をひらひらと手にかざし、配布するので関心のある人はあとで読んでみてほしい、とつけ加えるだけなのである。

日本では、お詫《わ》びの会見ですら原稿を読み上げるだけの人がいるが、なんという違いだろう。原稿に頼らず、聞き手の目を見ながら直接、自分の言葉で話しかけるというスタイルは、とくに国際ジャーナリストのあいだでは大好評である。政治家であれ、官僚であれ、財界人であれ、組織のトップがあらたまった場所で公的な発言をする場合、失言がないようにボトムアップで念入りにチェックしたスピーチ原稿を用意する。発言者はその原

稿に沿ったかたちでしかスピーチを行なわないものである。その発言が世界的な影響力をおよぼすローマ法王ならなおさらだ。

ところがフランシスコ法王は、あらゆるテーマについて、自分の言葉でアドリブ発言をする。ジャーナリストがこのスタイルを喜び、歓迎するのもよくわかる。法王の本音を聞けるわけであり、場合によっては大変なスクープを引き出すことも可能となるからである。

難しい言葉をなるべく避ける傾向も、フランシスコ法王を特徴づけている。かつてのキリスト教世界での共通語といえばラテン語である。現在でも神学を学問的に学ぶ者にとってラテン語は必須で、歴代法王やバチカン関係者もラテン語を好んで使っていた。ところが、フランシスコはあまりラテン語は使わず、簡単な言葉、特段、教養や学歴がなくてもわかりやすい言葉を選ぶ。神学者としても高名なベネディクト16世が重厚な言葉遣いを好んだのに対し、フランシスコは市井《しせい》の人々にも届く言葉をもっているといえる。

しかるに今日に至るまで、法王の率直な発言が、失言として揚げ足をとられるようなことは起こっていない。私が法王庁関係者から聞いたところでは、バチカンでも当初は新法王のスピーチスタイルをひやひやしながらフォローしていたが、いまでは法王のコミュニ

法王のジョークに爆笑するオバマ前大統領。

ケーション能力に全幅の信頼を置けるようになったという。

法王の気さくなユーモア感覚も、その人気に一役買っていることは間違いないであろう。法王に近い枢機卿の一人が私に明かしてくれたエピソードがある。

その枢機卿が、新法王に選出されて間もないフランシスコに対し、遠慮がちに、「じつはあなたが法王に選ばれるとは、私は想像していなかった」と打ち明けたという。続いて、そんなふうに思っていたのは自分だけではないとして、フランシスコも親しくしている枢機卿やその他、高位聖職者の名前を何人もあげてみたというのだ。トップに対して、やや失礼ともとれるこの話に、法王はこう答えて周囲を笑わせた。

「私の選出をまったく予想できなかった人物がもう一人いる。それは私自身だ」

ローマ法王といえば神の代理人である。教会にあるイエス・キリスト像は、苦痛に満ちた悲しげな表情をしているのが普通であり、微笑んでいるような顔はあまり見かけない。その代理人であるフランシスコ法王は、微笑どころか大笑いをするのが珍しくないほど、ジョークが好きでよく笑うという話である。こんな性格もフランシスコ法王の人気を下支えしているのではないだろうか。

「変な人間」にもやさしい笑顔

2014年1月、私はバチカンのシスティーナ礼拝堂でフランシスコ法王に拝謁した。バチカンでは毎年、サン・ピエトロ大聖堂で新年のミサが行なわれ、その後、ローマ法王はシスティーナ礼拝堂で各国外交団の挨拶《あいさつ》を受ける。私はそれまでにも法王と握手したことが数回あり、その年は法王に挨拶せずに帰ろうと思っていた。その場には大使もいたし、なによりも、自分の順番がまわってくるのに恐ろしく時間がかかるのを覚悟しなければばならなかったからだ。それに、法王と話せたとしても1分程度で、儀礼的な挨拶しかできない。

ところが、他国の外交団とおしゃべりをしているうちにタイミングを見失い、気がつけば法王と握手するための列に入っていた。ここで退室すれば礼を失してしまう。そうこうしているうちに順番がきて、法王の御前に進み出ることになった。

法王は英語よりもむしろフランス語を得意とする。私もフランス語を専門としているので、フランス語で「Bonne année. Puisse la Paix Régne dans le Monde（明けましておめでとうございます。今年は世界に平和が訪れますように）」とありきたりの挨拶をして帰ろうと思ったが、どういうわけか、とっさにそれではつまらないような気がした。

「法王台下《だいか》、明けましておめでとうございます。今年は世界中に平和が蘇《よみがえ》りますように。それを願っております」

内容はいつもどおりだが、その年は日本語で法王に語りかけた。もちろん、法王は日本語を解さない。きょとんとした顔でこちらを眺めていると、法王庁儀典長が「彼は在バチカン日本国大使館の公使です」ととりつくろってくれた。

そのときの法王の笑顔が忘れられない。普通なら「変なやつが来たな」という表情をさ

オバマ前大統領夫妻（左）がホワイトハウスでフランシスコ法王を出迎えた。

れても仕方ないのだが、にこっと笑ってこちらの手を握り返してくれた。それは柔らかい手で、握手をしたときに温かく包み込むようなオーラを感じたといったら大げさだろうか。なんと表現してよいかわからないが、私の目をじっと見つめて、一人の人間として見てくれていることが実感できた。

ホワイトハウスに愛車フィアット５００Ｌで乗りつける

　富んだ者よりも貧しい者、有名な人よりは無名の人、立派な肩書の者よりも普通の人、先進国よりは途上国、中心的な場所よりは、むしろ光が当たらない周辺的な場所。つねに弱者に寄り添い、自らは質素極まりない生活を実践する聖者――。フランシスコ法王の一般的なイメージは、このように語られることが多い。

フランシスコ法王は、歴代の法王とは異なり、法王専用の宮殿に住むことなく、バチカン内の普通の宿舎でほかの法王庁関係者とともに生活している。法王の部屋の広さはたったの40平方メートルであり、寝室と居間と書斎からなっている。一人暮らしであれば、日本人にとってはさして狭いとは感じられない広さだろうが、欧米人の住居感覚からいえばどうであろう。

またフランシスコ法王は、法王専用の小さな車に自分でドアを開けて乗り降りしたり、平気でシャトルバスに一般客と一緒に乗り込んだりするなど、世界中のメディアが嬉々として報道するようなエピソードに事欠かない。そんなところもあってか、２０１５年９月の訪米では、全米に大フィーバーを巻き起こし、訪問時期が重なった習近平中国国家主席の訪米がすっかりかすんでしまったほどだ。

オバマ前大統領夫妻が法王をホワイトハウスで出迎えた際、法王がフィアット５００Lという小型車から降りるのを見て、全米のメディア関係者は驚愕《きょうがく》した。

この小型車は、１ガロン（約３・８リットル）当たりの走行距離が、ホワイトハウスで使っている通常のリムジン車の6～7倍もあるという低燃費車。販売価格は約２万ドル（約２４０万円）だという。

質素な生活を旨とする法王だが、その支配下にあるバチカンの聖職者が法王以上の贅沢な生活をしていてもなんら批判はせず、その素振りも見せないという。しかし、法王の斬新極まりない生活スタイルは、無言の内に、バチカン聖職者のあいだで反省を促す効果をもたらしているようだ。司祭、司教、枢機卿と位が上がるほど、つまり法王の位に近くなればなるほど、生活スタイルを改める傾向が強くなっているという。法王のこのような姿勢が、欧州だけでなく、アジア、アフリカ、中南米など世界中で、熱狂的な支持と人気を獲得させる大きな要因にもなっている。

だが、バチカン関係者から聞いた話では、法王自身は、このようなイメージばかりがメディアで報道されるのを迷惑がっているそうだ。表面的なスタイルにばかりに関心が向くことで、他宗教に対する寛容の精神や物質的欲望の抑制など、本当に伝えたいメッセージが伝わりづらくなり、ただ単におもしろいニュースとしてしか扱われなくなるのが不満らしい。

一方、伝統にとらわれない法王の生活スタイルは、どうやら、法王庁内部関係者のあいだにもとまどいを感じさせることが少なくないようだ。とくに、法王の身体の安全に責任をもつ警備関係者のあいだでは、これまでにない苦労や緊張を強いられることが多いと聞く。法王はあるインタビューで、法王になって良かったことを尋ねられ、「神に選ばれたことだ」と答えている。同時に良くなかったことも聞かれ、「ローマの街を、一人で気軽にバスに乗ったり地下鉄に乗ったりして、ふらふら歩けなくなったことだ」と答えている。前任者のベネディクト16世が決められたスケジュールどおりに動く人物だっただけに、警備関係者の気苦労は察するに余りある。

なかには、「法王は法王である。もはや一枢機卿ではないので、そのあたりの自覚をもう少しもってほしい」という批判の声もあった。その批判も一理ある。立場が激変したにもかかわらず、自分の好きなスタイルに徹底してこだわるのは、ある意味、わがままであるともいえる。

しかしフランシスコ法王は、そのあたりの事情もすぐに理解した模様だ。基本的な生活スタイルの変更は最小限にとどめつつも、警備当局の判断には敬意を払い、双方で納得のいく警備体制を打ち出すべく最大限、努めているという。また警備担当者の苦労に対しては、口頭で謝意を述べるなど、あらゆる機会をとらえて感謝の念を示す姿勢をとっているという。

そのせいでもあろうか、警備関係者の士気がこれまで以上に上がりつつある、という話を法王庁の警備担当責任者から聞いたことがある。こんなところにも、フランシスコ法王の性格の一端が表れているようで微笑ましい感じがしたものである。

マスメディアに映らない素顔

だが、フランシスコ法王がもつ顔は、多くの人に親しまれる聖者の顔だけではない。バチカン内部関係者のあいだでは、敬愛する対象というよりもむしろ、畏怖《いふ》すべき存在としてとらえられている。

国際的なメディアを通じて紹介される「貧者に寄り添う聖人」としてのイメージは、この人物の一面にすぎない。綿密な計算能力と現実的な戦略思考を兼ね備えた、冷厳な横顔を隠しもっていることを理解しなければ、フランシスコ法王を見誤りかねない。法王庁内部の幅広い関係者の話を聞いているうちに、関係者以外には見せない法王の「怖い顔」について意識せざるをえなくなった。

多くの法王庁関係者が、むしろベネディクト16世前法王に接しているときのほうが、優しさや慈《いつく》しみを強く感じられたと述懐する。ドイツ出身の前法王は、けわしい顔つきで損をしているようなところがあった。強制されたものではあったが、若いころにヒトラー・ユーゲント（ナチス・ドイツの青少年団）に属していたとして批判を浴び、バチカン銀行スキャンダルや聖職者による小児性愛事件の渦にも巻き込まれた。また、同性愛や生命倫理問題などでも固い信念のもと、保守的な態度を少しも崩さなかったことから、マスメディアの受けも概して芳《かんば》しくない法王だった。

だが、バチカン内部の人々がベネディクト16世前法王から受けた印象は、一般的なイメージとは異なるようだ。私は一人の女性宮廷画家と話があい、ふだんから仲良くしてもらっていた。彼女はベネディクト16世前法王とフランシスコ法王の肖像画を描いたことがあるのだが、ある日、二人の印象についてこう語った。

「なぜだかわからないわ。でも、私はベネディクト16世のほうに親しみを感じるの。温かみを感じるのよね」

芸術家特有の勘がベネディクト16世前法王の本質を見抜いたのかどうかはわからない。ただ、彼女のみならず、法王庁関係者やバチカニストの多くがフランシスコ法王に対し、ある種の近寄りがたさを感じているのは確かだ。法王が真剣な表情で考え込む姿を目撃したという話は、いろいろなところから聞こえてくる。

むろん私はここで、どちらが良いとか悪いとかを論じているのではない。ただメディアで報じられる真実は、往々にして物事の一面だけに偏《かたよ》りがちであり、じつはほかにも重要な真実があるということ、そしてその全体像を伝えることの難しさを改めて感じた、というだけである。

ベネディクト16世とフランシスコ。一見すると性格のまったく異なる二人の人物の関係は、極めて親密だとされている。フランシスコはベネディクト16世の意見をいまでも尊重し、個人的にうかがうことが頻繁にあるといわれているのだ。天の配剤といってしまえばそれまでだが、たしかにフランシスコ法王は、ベネディクト16世との関係で得をしているところが少なくない。

けわしい顔つきの前法王は、一見してフランシスコ法王のような親しみを感じさせることはないが、カトリックの世界で純粋培養されてきた神学の権威であり、なによりも先々代のローマ法王ヨハネ・パウロ2世の片腕としてもっとも信頼されていた人物なのである。やはり超一級の人物であることは間違いないだろう。カトリックの教義に関する研究ではいまでも第一人者であり、その主張や解釈にはまったくブレがないといわれている。その類い稀なる識見と、一般のイメージとは違う優しい性格に対し、フランシスコ法王が最大限の敬意を払って接しているというのも、よく頷ける話なのだ。

巨大宗教組織の闇・バチカン銀行に切り込む

２０１３年３月に新法王に就任した直後から、フランシスコはバチカン銀行の改革をはじめとする諸改革に乗り出し、世界的な人気も追い風にして、カリスマ的存在で強力なリーダーとして受け止められている。まずは矢継ぎ早に制度・機構面での改革を断行した。就任して１カ月も経たないうちに、枢機卿８名からなる新たな特別顧問団（Ｃ８枢機卿評議会）を創設している。この人事が注目を集めたのは、その後、バチカンを揺るがす数々の事件が明るみに出たからだ。

２０１３年６月、バチカン銀行の口座を利用して２０００万ユーロ（当時、約25億円）の現金をスイスの銀行から不正に持ち込んだとされる疑惑（資金洗浄《マネーロンダリング》疑惑）が発覚し、バチカン銀行の会計責任者らが逮捕される事件に発展した。フランシスコ法王はその３日後、監督責任をとらせるかたちで、同銀行総局長をはじめとする幹部職員を辞任させるなど、ただちに果敢な措置をとっている。

フランシスコ法王は続いて、これまで透明性の欠如からマネーロンダリングなど不正取引の温床ともなってきたバチカン銀行のすべての口座を厳格にチェックするよう命じた。その結果、休眠口座やそもそも口座開設要件を満たしていないと判断された３０００以上の口座に閉鎖命令を出している。そのなかには、かなり多くの外国大使の口座も含まれていた。

その後も、バチカン銀行全口座の管理・監督に徹底的な透明性をもたらすべく、次々と大胆な改革措置が打ち出されている。外部監査の積極的導入、財務関連資料への自由なアクセスの確保、複雑な手続きの簡素化などの措置が矢継ぎ早にとられた。

俗にバチカン銀行と呼ばれているこの金融組織は、正確には「宗教事業協会」(Instituto per le Opere di Religioni、略してＩＯＲ。バチカンでは通常「イオール」と発音)と呼ばれる組織である。バチカン市国の行財政管理だけでなく、カトリック系の諸団体が、世界中で布教活動や慈善活動を展開するための資金管理を担っている事業体である。

バチカンとお金の関係は、じつに長い歴史を有している。とくに中世において、欧州各地の司教区や末端の教会組織から吸い上げられる上納金、さらには封建領主からバチカンに届けられる寄付金などが莫大な額にのぼり、その管理・運営を行なう組織が必要不可欠となり今日に至っている。ちなみに、14世紀から始まったルネサンス運動を総合プロデュースし、当時、富裕を誇ったメディチ家も、栄華の始まりはバチカン専属の両替商になったことによることはあまり知られていない。

現在のバチカン銀行は、世界中の金融機関を通じて投資運用も行なっているが、やはり同銀行がもつ宗教的、歴史的な特殊性もあり透明性は不十分である。フランシスコ法王が「初代法王の聖ペトロは銀行口座などもっていなかった」とユーモアたっぷりに発言したことが何回もあるように、バチカン銀行は正確には銀行ではなく、もともとはキリスト教の布教と慈善活動を支える基金であると考えられている。この銀行を舞台として、近年、次々に発覚したマネーロンダリング、脱税などの金融スキャンダルは、このようなバチカンの不透明性が背景にあると考えられる。

バチカン銀行にかかわるスキャンダルではないが、２０１４年末にドイツのリンブルクの司教が、司教住居の改築に約３１００万ユーロ（約40億円）もの巨額資金を充てていたことが発覚した。法王は間髪を入れずに、この人物の同地における司教資格を剝奪《はくだつ》したが、迅速な措置は関係者から一罰百戒の効果をバチカン内部にもたらしたと評価されている。

シシリアン・マフィアを破門する型破りな法王

フランシスコ法王は、バチカン銀行スキャンダルとの関係が噂されることの少なくないマフィアに対しても、これまでの法王とは異なる苛烈《かれつ》な姿勢を打ち出している。

ブーツの形をしたイタリア半島のつま先にカラブリアという州がある。南部イタリアのなかでも、もっとも開発が遅れた地域だ。貧困や失業を背景としてマフィアが地域社会に浸透しており、ここから南米産の麻薬がイタリアに不法に持ち込まれ、さらに欧州全体に流通していると指摘されている。

２０１４年1月、地元警察にマフィアの情報を通報した一人の勇気ある老人が乗用車ごと爆破され、同乗していた3歳の孫も犠牲になるという痛ましい事件が発生した。この事件に深く心を痛めた法王は、同年6月にカラブリアを電撃的に訪問。参集した大勢の市民の前で、マフィアとその関係者に対するカトリックの「破門（excommunication）」を宣告。ローマ法王がマフィアを破門するのは歴史的にも異例の措置と報じられた。

多くの日本人にとって、破門という宗教上の処置がどれほどの影響力をもつのか、理解するのは困難かもしれない。破門の対象となった歴史上の人物は数え切れないほどいる。プロテスタントの宗教改革を断行したマルティン・ルター、バチカンの権威を否定したナポレオン、無神論の共産主義者などがあげられる。ほかに、堕胎手術を行なった医師なども破門の対象となる。

まったく意外なことに、マフィアのなかには熱心なカトリック信者が非常に多いという。法王の破門宣告の結果として、イタリア中に収監されているマフィア構成員のあいだで動揺が起こっているという報道もある。死がつねに身近にあり、人間と信仰との距離がいまよりもずっと近かった中世の話ならわかるが、いまでも敬虔なカトリック教徒のあいだで、破門宣告が神との関係を遮断されるもっとも恐るべき措置としてとらえられているというのは、日本人の私にとって大きな驚きだった。

なぜマフィアは破門を恐れるのか。破門を宣告されると、教会で行なわれる洗礼式や結婚式、葬式などに参加できず、死後もキリスト教会墓地での埋葬を拒否される。マフィアとカトリックの関係は複雑な歴史的経緯もあり、また本書のテーマからは外れるので詳細にまでは踏み込めないが、いずれにせよ、両者が密接な関係を保ってきたことを示す証拠は枚挙にいとまがない。

たとえば、シチリア島は、映画「ゴッドファーザー」で有名となったシシリアン・マフィア発祥の地である。州都パレルモの郊外にバゲリアという荒廃した雰囲気が漂う貧しい街がある。私も一度行ったことがあるが、１９８０年代にマフィア同士の抗争事件が多発し、数百人の犠牲者を出したといわれる物騒な場所だ。そこで最近、警察当局がマフィアのボスの隠れ家を調べたところ、地下に立派な礼拝堂が見つかり、聖書が置かれていた。そのボスの配下は、キリストが十字架に架けられた金曜日には犯罪行為を控え、とくに暗殺は絶対に行なわなかったという。

前述したように、マフィアの破門は異例の措置と受け止められた。それではなぜ、歴代の法王は犯罪組織の破門を手控えてきたのか、という疑問が当然に浮かんでくる。この問いに答えるためには、バチカンとマフィアの複雑な関係を理解しなければならない。イタリア、とくにミラノやローマのような大都会ではなく地方の街では、教会が中心となって催される宗教行事や祭りが多い。聖母マリアを讃える祭りをはじめ、各地の聖人にちなんだ行事が年がら年中開催されている。そのようなときには、必ず現地のマフィア関係者が教会側と協力し、必要な調整を行ない、花火代として祭り用の資金を提供するなど、スムーズな運営に貢献しているのである。そんなやりとりを何年も続けていれば、現地のカトリック司祭自身が犯罪に手を染めることはなくても、マフィアとのあいだでいわば腐れ縁のような関係ができていくのは避けられないのかもしれない。

マフィアとの関係を告発された司祭のなかには、「彼らこそ、家族愛、友人愛、セックスに対する厳格性などで真のカトリックである」とまったく悪びれるふうもなくマフィアを擁護した者もいた。これまでは、マフィアと深い関係をもつカトリック関係者が陰に陽にバチカンに働きかけ、破門を阻止してきたようだ。今回のカラブリアにおけるマフィア破門宣告は、現地のカトリック側には事前になにも知らされず、法王一人の判断で電撃的に断行したと聞いている。

法王になる前からマフィアは仇敵だった

フランシスコ法王とマフィアの因縁は深い。法王はアルゼンチン出身で、本名のベルゴリオと呼ばれたブエノスアイレス大司教時代から、貧民街に身一つで乗り込み、危険を覚悟で現地のギャング団と渡り合ってきた。彼はすでに枢機卿となっていたが、ふだんは司教の格好で地下鉄やバスに乗り、当時あまりに危険で普通の司教でさえ行くのを敬遠した、ブエノスアイレスの貧民窟に頻繁に足を運んだという。極端な貧困を背景に、殺人、麻薬、売春がはびこる世界で、政治からも一般社会からも、さらには教会からも見捨てられていた本当に救いようのないスラムだった。

彼はそのようなスラム街の貧しい家で、１杯のコーヒーをごちそうになりながら真摯に生活相談を行ない（とくに子供の教育問題が多かったという）、しだいに信頼を勝ち取っていったのだ。当時、このスラムの住民のなかには、彼が枢機卿という高位の聖職者であったことを知る者はいなかった。その彼がローマ法王になり、はじめて真実を知らされおおいに驚かされたという、映画のようなエピソードがたくさん残されている。

また、彼は政治家と現地マフィアの癒着にもメスを入れ、これを激しく糾弾したことから、ギャングから命を狙われ、あやうく難を逃れたこともたびたびあったという。フランシスコは法王になる前からマフィアの仇敵《きゅうてき》ともいえる存在だったのだ。

法王はカラブリアのマフィア関係者に限定することなく、教会関係者も含め、犯罪行為に関与するすべての当事者を対象に破門を宣告したといわれている。さらにこの破門は、中南米で麻薬密売や人身売買などの犯罪行為にかかわるすべての者を対象にしている。いまのところ、その実際的な効果のほどは未知数だ。とはいえ、フランシスコ法王の勇断を評価する声は、バチカン関係者、メディアのあいだで大多数となっている。

フランシスコ法王による一連の決断には、バチカンを改革しないかぎりカトリックの退潮は避けられないという危機意識がにじむ。だが、あらゆる改革には抵抗する勢力が出てくるものである。

2013年のコンクラーベ（新しいローマ法王を選出するための会議）において、フランシスコに投票した枢機卿でさえ、それを悔やんでいる者が複数いると噂されている。既得権――バチカンの場合は必ずしも金銭にかかわるものに限定されず、人間の虚栄心をくすぐる心理的な特権も含む――を失うことになる者たちが、フランシスコ法王の失脚を虎視《こし》眈々《たんたん》と狙っているのである。

いまのところ、法王の地位を脅かす動きは表に出ていない。フランシスコ法王の世界的人気が「反法王派」の動きを抑える効果をもたらしているといわれているが、人間は誰もが理知的、合理的な行動をとるとはいえない。感情のもつ力を量《はか》り損ねると、思わぬ陥穽《かんせい》にはまる危険性もある。

１９７８年に在位わずか33日で急逝したヨハネ・パウロ１世の場合は、その死因について、いまでもスキャンダラスに取り上げられることがある。この法王は、誰にも看取られないまま亡くなり遺体は自室で発見されている。死因は急性心筋梗塞と断定されたが、遺体の解剖は行なわれなかったという指摘もある。さらに、ヨハネ・パウロ１世が作成していたバチカン銀行スキャンダル関係者の更迭《こうてつ》リストが行方不明となったこと、リストにあった関係者がいずれもマフィアとの近い関係を疑われていたことなどもあり、いまでも憶測の材料を提供している。

いずれにせよ、いつ行っても人の心を癒《いや》すような平和な空気が流れているバチカンではあるが、ローマ法王庁も生身の人間の集まる場所に変わりはない。その奥の院では、外部からはうかがい知れない葛藤《かっとう》や陰謀が、日々繰り広げられているようだ。

同性愛もタブーではない？

２０１５年６月、米国の連邦最高裁判所が同性婚について合憲判断を下した。これで英国やフランスなどの欧州諸国に続き、米国社会でも同性愛者間の婚姻の合法性が正式に確認されたことになり、世界中で大きなニュースになった。

同性愛は、性の個人的な問題である。違法な存在ではなく、またモラル的にもなんら、やましいところはない。これからも性的少数派かもしれないが、普遍的な人権の一部であるという解釈が主流となっている。

同性愛者は、これまでは人間社会におけるほかの少数派同様、長く不当な差別や偏見を蒙《こうむ》ってきたが、これを法的にも倫理観的にも改めていくことは至極、健全な流れであると思われる。しかし、聖書の世界やカトリックの教義においては、同性愛は近親相姦や獣姦《じゅうかん》などと並び、神の道に外れる行為として、決して受け入れることのできない悪徳の一つとなっている。一言でいえば、この問題をめぐる世界の潮流と、カトリックの立場に大きな乖離《かいり》が生じ、これが日々拡大しつつある。

しかしこの問題についても、徐々にではあるがバチカン内部、それも法王自らが率先して、頑なな姿勢を改める動きが認められる。

フランシスコ法王は、あるとき記者団から同性愛に関する見解を問われたのに対し、「同性愛者であり、同時に神の道に進みたいという意志をもつ人がいれば、私はこれについてとやかく言える立場にはない」という趣旨の発言をし、聞きようによっては同性愛を容認していると解釈できるコメントを発している。

このときはさすがに法王庁内部の保守派から、寛容すぎて誤解を招く発言であるとして大きな反発を招く結果となった。しかし、同性愛も人類の歴史という長いスパンで考えてみれば、古代ギリシャや古代ローマ文明では容認されていた形跡がある。日本においても、平安時代の僧侶や公家のあいだで流行しただけでなく、中世以降は武士道における男色の心得が「衆道《しゅどう》」として説かれるなど、市民権が認められていた。昔から人間社会には必ず存在していたものといえる。

じつはカトリックの聖職者のあいだでも、また女子修道院におけるシスターたちのあいだでも、事情はあまり変わらなかったようだ。違いは、カトリック以外の世界では比較的「おおっぴらな習俗」だったのに対し、カトリックの伝統では「隠された習俗」だっただけなのかもしれない。フランシスコ法王は、このような否定しがたい事実を真正面からとらえたうえで、先述のような発言をしたのではないだろうか。

余談になるが、ローマの中心地、ベネチア広場のすぐ目と鼻の先に豪華絢爛《けんらん》なコロンナ宮殿がある。ここは名作「ローマの休日」の最後の場面で、オードリー・ヘップバーン演じるプリンセスが記者会見を行なう際のロケに使われた。高い入場料にもかかわらず、いつ行っても世界中から来た観光客で溢れている。宮殿内部に展示、陳列されている絵画、彫刻などの芸術作品は、ローマでも指折りの名家、コロンナ一族の代々の当主が収集した超一流品ばかりであり、なるほどこれなら入場料は決して高くはないと私も感心した。

そのなかでもとくに目を引いたのは、宮殿内チャペル（礼拝堂）の片隅にかけられていた1枚の絵画だった。『旧約聖書』に登場するカインとアベルの兄弟を描いた絵だ。『旧約聖書』ではカインがアベルを殺害したのだが、私の目にはどう見ても、兄のカインが弟のアベルを後ろから性的に凌辱《りょうじょく》しているとしか思われないほど、性的なイメージを連想させるものだった。二人ともほぼ裸体で描かれているが、アベルの若い肉体は青白く生々しい肌合いを保っており、その苦痛に歪《ゆが》んだ表情にはある種の快感さえ読み取ることができる。同性愛を連想させるこのような絵画をわざわざ礼拝堂に掲げる理由は、いったい何だったのであろうか。

人工授精、安楽死、中絶などの生命倫理問題に対するバチカンの基本的立場については、フランシスコ法王の下においても従来の見解に変化はない。しかし、この法王はいかなるテクニックを有しているのか、これらの問題をめぐるバチカンの保守性が、メディアにより意地悪く批判されるようなことはこれまで起こっていない。ベネディクト16世前法王の時代とは、この点に関しても大きな違いを際立たせている。

グローバル・イシューに取り組むバチカン

フランシスコを法王に迎えてからのバチカンは、世界の貧困問題、気候変動問題、難民問題、人身売買などのいわゆるグローバル・イシューに積極的に取り組む姿勢を鮮明に打ち出している。これらの地球規模の問題をバチカンが中心となって解決していくわけではないが、国際社会共通の課題克服に際しては、バチカンの精神的権威が何らかの役割を担いうるという信念を垣間《かいま》見ることができる。

「これまで前例のない生態系の破壊をもたらすものであり、深刻な世界的課題となっている」

法王は２０１５年６月、地球温暖化問題についてこう呼びかけ、国際社会に重大な警告を発している。

地球温暖化をめぐっては、同年11月末から国連気候変動枠組条約第21回締約国会議（COP21）がフランス・パリで開催され、12月12日、２０２０年以降の新たな地球温暖化対策「パリ協定」が採択された。この会議は、議長国フランスの国内人気、評価では低迷を続けるオランド政権にとって、もっとも重要な国際会議として位置づけられていた。オランド大統領は同日、「2015年の12月12日は歴史的で、人類の心に刻まれる日になるだろう」と演説した。COP21の交渉国は一様に仏政府の手腕を高く評価しており、フランスが議長国でなければ合意は困難であったともいわれている。

2カ国だけで世界の温暖化ガス排出量の約4割を占める米国と中国は、1997年の「京都議定書」には不参加だったが、今回は交渉妥結のために積極的に動き、「パリ協定」の採択に満足の意を表している。そしてこの裏にも、法王庁の精神的権威が貢献していることが見てとれる。私が在バチカン仏大使館の動きを間近で観察したところでは、2015年初頭より、COP21が成功裏に終了するよう、バチカンに熱心に働きかけていた。

温暖化ガスCO_2の排出規制については、先進国、発展途上国を問わず、国際社会全体で実現すべきものとのコンセンサスが一応は成立している。ここで〝一応〟というのは、世界中のどの国も、地球温暖化問題の深刻さは理解しつつも、その制御と管理が経済・産業政策に重大な影響をおよぼすため、自国に有利なかたちで国際ルールがつくられることを望んでいるからである。

温暖化ガス削減という総論では認識を共有しても、具体的な削減目標の基準や期限においてはおのおのの国家エゴが丸出しとなり、裏では熾烈《しれつ》な外交的駆け引きが日々繰り広げられているのである。

地球環境保護は全人類が協同で取り組まないかぎり、人類全体にとって、とくに将来の世代にとっては取り返しのつかない大災害をもたらす可能性が大きいことは、誰しも頭の中では理解、認識している。

しかし、この問題でやっかいなのは、物質的には豊かな環境で暮らしている日本のような先進国の人間にはわかりづらいが、世界にはまだまだ貧しい国や地域がたくさんあり、環境問題よりも明日食べるパンのほうがより喫緊の課題になっているという厳しい現実がある点だ。

温暖化ガスの排出が、発展途上国の経済成長や産業化の過程で増えるのは避けられないのは事実である。これらの途上国に先行してすでに発展を遂げた先進国の利害と、いままさにこれから産業発展を遂げようとしている途上国のそれとに調整が必要とされるのは、当たり前の話なのだ。

この人類共通の課題に対する法王庁の基本的態度は、「有害ガスの排出は世界経済の成長や物質的な富の増大過程において必然的に生まれる副作用であり、その真の解決には人間のモラルの側面から光を当てなければならない」とするものである。

つまり、このやっかいな問題を基本的には倫理的課題としてとらえ、人間の果てしのない、富の追求や浪費にこそ問題があるとする考えである。

そう見てみると、バチカンの矛先《ほこ》はむしろ、われわれ先進国といわれる世界に住む人間に向けられているような気がする。たしかに、自分の日々の生活や周囲の人たちの生活習慣を冷静に見まわしてみれば、いたるところで資源の浪費や無駄遣いがすぐ目に入ってくる。２０１５年、イタリアのミラノで開催された国際博覧会（万博）は食をテーマとしていたが、そこでは世界中の魅力的な料理を紹介するだけでなく、各館とも「食の浪費と廃棄物」をテーマにして、この問題の深刻性を考えつつ、同時に具体的な対応策を参考例として提示していた。

ＦＡＯ（Food and Agriculture Organization＝国連食糧農業機関）の試算によると、現在、世界中で生産される食糧の約3分の1が、誰の口に入ることもなくそのままゴミとして出される運命にあるという。

この夏、カナダの大学研究チームが米科学雑誌「サイエンス」に発表した分析結果によれば、人類はほかの動物を必要以上に捕殺する点において、地球上に存在する生き物のなかでも際立った特徴があるという。トラやライオン、サメなどは、自らの生存に必要な分だけに限定してほかの動物や魚を捕食する。人間は、ハンティングなどの娯楽や、漁網による一網打尽漁法など、生存のための必要を超えた規模でほかの生物を捕殺しているのである。この状況が長く続くと、複雑にからみあった地球上の微妙な生態系のバランスを崩し、いつかとんでもないしっぺ返しが人類全体に襲いかかってくる危険があるとする分析もある。

ＣＯＰ21で採択されたパリ協定には、日・米・欧などの先進国、中国、インドなどの新興国、その他発展途上国を含む１９６カ国・地域が参加しており、全世界的な取り組みといえる。その意味では、先進国のみに温暖化ガス削減目標を割り当てた「京都議定書」からは大きく前進したと評価できよう。

他方、パリ協定は政治的合意であり、各国が温暖化ガス排出削減目標を自主的に策定することまでは決めたが、削減目標の達成義務はなく、また罰金もない。つまり、目標の実現に法的拘束力はないのだ。まだまだ道のりは長いといえよう。それもあってかフランシスコ法王は、パリ協定採択の翌日、合意は歓迎しつつも、「実行には全員一致の取り組みと惜しみない関与を必要とする」旨を、改めて訴えている。

法王のメッセージからは、際限ない人間の物質的欲望の追求にブレーキをかけないかぎり、いずれは行き詰まったり、精神的荒廃までもたらしたりするという信念がうかがえる。われわれの日常生活を見まわしても、富の追求こそが幸せそのものであると錯覚させるような情報が氾濫《はんらん》している。書店の店頭には、『あなたも、いますぐ億万長者』『幸せなお金持ちへのバイブル』『小学生から始める株式投資術』のような本が並び、人間の欲望をこれでもかこれでもかと刺激しているのがよくわかる。

もう半世紀近くも前の話になるが、ビートルズの作品に「愛こそはすべて」（原題：All You Need Is Love）というヒット曲があった。「愛さえあれば君にできないことは何もない。君がこの世でつくりだせないものは何もない。愛さえあれば何でもできる」というのが大意だ。それは歌の世界のことにすぎず、現実の生活においては愛などという抽象的なものより現金のほうがよっぽど役に立つ、という場面もあろう。しかし、それではあまりに夢がなさすぎる。現在が“All you need is money”（お金こそがすべて）という世界になりつつあるのだとしたら、人間社会全体にとってなんという不幸だろうか。

フランシスコ法王は、２０１３年のダボス世界経済フォーラムに対し、「富は人間の幸福に奉仕するためにあり、人間が富の奴隷となってはならない」とのメッセージを出している。物質的な富のあくなき追求や盲目的な経済成長神話の信奉だけでは人間の精神的な幸福や生きがいは実現し難く、かえって人間精神の荒廃を招きかねない、という警告だといえる。

スーパーマーケットの商品にも監視の目

あらゆる意味においてバチカンに新風を吹き込んでいるフランシスコ法王は、初のアメリカ大陸出身者であるのみならず、初のイエズス会出身者であり、また法王の名としてフランシスコを称する初の法王でもある。さらには２０１５年９月24日に米国議会で演説を行なったのは、ローマ法王としてははじめてのことだった。

なにやら初ずくめの法王であるが、ここでは「イエズス会出身でフランシスコという名をもつ法王」という点に注目してみたい。「イエズス会」とは、１５３４年にプロテスタントの宗教改革に対抗して設立されたカトリック修道会であり、日本人にはなじみの深い、フランシスコ・ザビエルも創設メンバーの一人だ。創立者のイグナチオ・デ・ロヨラはスペイン領バスク地方出身の貴族であり、修道士になる前は騎士、つまり軍人としての経歴を有していた。

現在、世界最大のカトリック男子修道会であるイエズス会は規律ある軍事的組織文化で知られ、「法王の精鋭部隊」とも呼ばれる。軍事において無能な指揮官がいれば、その分だけ一般兵士の血が無駄に流されることから、リーダーにはあくまで冷徹な計算能力と果断な性格が求められるのが鉄則である。バチカン銀行やマフィアの破門など、規律を重んじ、果断な改革を求めるフランシスコ法王の行動の源泉を、イエズス会の組織文化に結びつける誘惑に駆られても無理からぬことではないだろうか。

実際、法王と身近に接するバチカン内部関係者に話を聞くと、前法王ベネディクト16世よりもフランシスコのほうが「怖い」と評価する声が多く聞こえてくる。

一方、「フランシスコ」という法王名は、イタリア半島のちょうど真ん中に位置する、ウンブリア州の町、アッシジの聖フランシスコに由来している。そのアッシジのフランシスコは、13世紀のはじめにフランシスコ会を創立した高名な聖人であるが、イエズス会の創設が16世紀中葉であるから、フランシスコ会はそれより3世紀半以上も前に創設されている。「托鉢《たくはつ》修道会」とか「乞食僧団」と呼ばれたように、一種のユートピア的な理想を求める特徴があり、イエズス会の現実的な思考に基づくアプローチとは若干、様相を異にしているようである。

聖フランシスコは、死ぬまで文字どおりの禁欲と清貧に徹し、その短い生涯を、愛の祈りと物質的な貧しさのなかで完結させることにより多くの信者を獲得した。いまに伝わる話では、富を所有するとそれを守るために人と争う、またそのため血を流すことさえあるという理由から物欲を完全に否定し、豊かな商人だった実の親とも絶縁したという。日々の糧は肉体労働の報酬や托鉢で得たが、お金は決して受け取らず、粗末な食べ物や衣服を現物で受け取るだけだったともいう。

そして、神に近づく唯一の道は、神の被造物すべてに対する無条件の愛であり、そのためこれまで嫌ったり恐れたりしていたものこそ、逆に進んで愛する行為が求められるとして、当時は非常に恐れられていたハンセン病患者の人を抱きしめたり、接吻したりすることも厭《いと》わなかったと伝えられている。

フランシスコ法王を理解するうえで、イエズス会出身の「冷徹な現実的感覚」と、聖フランシスコの「底知れない優しさ」はどのように調和を保っているのだろうか。あるワインメーカーのオーナーから私が聞いた話が、ささやかな手がかりになるかもしれない。

イタリア北部ヴェネト州にある、ソアヴェ市の有名なワイン「Soave Coffele」は、非常に高品質の白ワイン（赤ワインもとても良い）で、少量ながら日本にも輸出されている。イタリアでは、伝統あるワインメーカーは中世ごろまで遡《さかのぼ》ることができる土地の名家が多く、その一族の誰かがバチカンの聖職者になるケースが少なくない。

私はある縁でそのような聖職者と知り合い、意気投合した。話は自然にワインに傾き、ご実家に招待していただいた。そこで本場のワインを楽しみつつ、ふと思いついた。法王庁内には、バチカン内で働く職員、聖職者、外交団専用のスーパーマーケットがある。そこで「Soave Coffele」を買ったことがあるが、とても安かったので驚いたのだ。

そんな疑問をぶつけると、そのオーナーは「まったく安いよね。あんな値段じゃ商売になるわけがない。赤字になるくらいだったよ」と笑いながら続けた。

「バチカンの担当者からその価格以下では置かしてやれないといわれるんだから、仕方がなかったんだよ。そりゃ、内心ではバチカン担当者の高飛車な態度には腹が立つ。でもね、バチカンの中で販売しているというのは大事なことなんだよ。バチカンのネームバリユーはお金では換算できないからね」

このオーナーの話からすると、憤懣《ふんまん》やるかたなしといったところだろうが、表情はにこやかだ。話には続きがあって、最近になって状況が改善されたという。

「フランシスコ法王は、スーパーで売られているような商品まで調べたらしいんだな。バチカンの権威を笠に着てはならない、生産者の納得できる適正価格で販売すべしって指導をなさってくれたんだよ。バチカン出入りの業者はみんな大喜びだ。それ以来、品物は適正価格で販売できるようになったんだからね。もちろん、私は法王の大ファンに決まっているじゃないか」

これなどは小さな話ではあるが、現実的な公正感覚を重んじるイエズス会の伝統と、些細な点にまで慈愛に満ちたフランシスコ会の伝統が、フランシスコ法王のなかで微妙に融和した事例ではないだろうか。

バチカンの文化そのものを改革しようとしている

２０１３年３月の法王就任直後から大変な人気を博してきたフランシスコに対しては、外交団やメディアのあいだで、「新法王に対する一種のハネムーン期間は安泰だが、いずれその評判にも陰りが生じ、それに乗じて改革を快く思わない勢力が巻き返しを図りはじめるだろう」とする意見が大勢だったように記憶している。

ところが、1年経っても2年経っても人気に陰りが出てくるどころか、逆にさらに加熱していくような気配さえ感じられる。2015年秋の米国訪問が良い例だ。法王は9月22日にワシントン郊外の空軍基地に到着。そこではオバマ大統領夫妻およびバイデン副大統領夫妻(いずれも当時)に出迎えられるなど、破格の接遇を受けた。翌23日にオバマ大統領と会談、24日に米国議会で演説、25日にニューヨークの国連本部で演壇に立ち、27日にはフィラデルフィアで約100万人が参加するミサを主宰した。その間、どこでも米国民の熱狂的な歓迎を受け、米メディアも詳細に報道し、日本でも法王の動静が詳しく報じられたことは記憶に新しい。

バチカン銀行をめぐる汚職摘発、マフィアとの関係清算など華々しい改革を進めるフランシスコ法王だが、目先の改革だけに注目していると、法王の真の目的を見誤りかねない。私がそう考えるようになったのは、懇意にしているバチカニストとの会話がきっかけだった。

「極論すれば、フランシスコ法王にとって、バチカン銀行改革など所詮は制度上、法律技術上の課題だ。改革の達成にそう大きな困難は伴わない。法王はそんなことよりも、バチカンの文化そのものを改革しようとしている。彼はそこにこそ、神意によって法王に選ばれた意義を感じとっている」

フランシスコ法王は、人間の欲や嫉妬心、憎悪する心や慢心など、われわれ人間に生まれつき備わっているさまざまな悪徳を、バチカンから根こそぎ一掃することを本気で考えている。バチカニストは私にそう語った。

つまり、制度・組織やその運用技術面での変革はあくまで手段にすぎず、真に目指すところは、それらを実際に支え運用している人間集団の精神的改革だというのだ。フランシスコ法王は、カトリックという一宗教により人間性の改善が可能と信じ、まずはバチカン内部でそれを実現しようとしている、と解する見方である。

バチカン内部では改革努力を粘り強く続行し、外部に対しては宗教対話の促進を通じて他宗教との相互理解や、その結果もたらされる寛容の精神を追求するのが、フランシスコ法王のバチカンといえよう。

第3章

少数精鋭のスピード外交と忍耐外交

バチカンが独自の国益を有し、これを極大化するために外交力を駆使すること、そしてバチカン外交のあり方を大きく左右するフランシスコ法王が、温かみと優しさを兼ね備えながらも冷徹な改革者であることは、これまで見てきたとおりである。

だが、バチカン外交を展開するうえで、法王を支える国家機構や、歴史に培《つちか》われたパワーを見落とすならば、バチカン外交のすごみを把握することはできない。この章では「少数精鋭」「迅速な意思決定」「忍耐力」を取り上げて、バチカン外交の強みを解剖したい。

完璧な少数精鋭主義

「はじめに」でも触れたように、バチカンの国益はキリスト教徒の擁護であり、キリスト教の福音を世界にもたらすことである。こうした目標を達成するためにはよほどのスタッフを抱え込まなければならないと思う方もいるかもしれないが、バチカン市国の外務省にあたる国務省外務局の職員数は、２０１５年３月時点でわずか３３７人しかいなかった。この数字は世界１０１カ国に置いている大使館に勤務する大使や書記官などの職員３０４人を含んでおり、バチカン本国の職員は33人である。

バチカン外交に直接携わるスタッフがいかに少ないかは、日本の外務省と比べるとわかりやすい。「平成26年度外交青書」によると、東京・霞が関の外務省本省で働く職員数は２２７２人となっている。

いかに全世界で12億人以上のカトリック信者を擁し、その精神的権威が絶大なものであるとはいえ、たったこれだけの人数で国際社会を相手に、重要な外交活動を日々繰り広げているのである。経済力も軍事力もないバチカンは、米国、中国、ロシアのような外交を展開する能力も、必要性もない。したがって、外務局の規模も、おのずから小規模なものとなるのはわかるが、それにしてもよくもまあこの数で、と不思議に思う。

こうした少数精鋭主義をうまく機能させるには、徹底した能力主義と適材適所の人事配置が確保される必要があることは論をまたない。

たとえば、中東和平問題でもウクライナ紛争でも、はたまた中国との関係をめぐる諸問題でも、必ずや同地域の言語や歴史、文化、宗教、社会習慣に精通した専門家が存在する。彼らは、年齢に関係なく、また肩書は必ずしも高くなくても、それぞれの分野では第一人者としての敬意が払われる。その意見や判断がバチカン外交の骨格をなすことになる。

個人名を出すことは差し控えるが、何人かのこのようなバチカンの外交官と接する機会を得られたことは、このうえない幸せであった。

とはいえ、極めて多忙な彼らにアポイントメントをとりつけること自体、簡単なことではない。通常、在外公館の幹部職員が任国政府の外務当局にアポを申し入れれば、すんなりとれるのが普通だ。なかなかアポを入れることができないバチカン外交官に対し、「なんともったいぶった敷居の高いところであろうか」と思わなかったといえば嘘になる。なんとかアポをとりつけても、こちらが事前に十分に準備を整える必要がある。予備知識を充実させ、何を知りたいのか限られた時間内に要領よく説明し、かつ納得させないと、次からは会ってもらうことが困難になる。ことほどさように、つきあうのに骨が折れる相手だった。

通常、彼らとの会見は、宗教人特有のなごやかかつ友好的な雰囲気のもとで行なわれる。しかし、つねに真剣勝負で、いつでもこちらの知見の程度や能力を探られ、冷静に評価されているような緊張感を伴うのだった。

私は一度、失敗した経験がある。どんな議論の展開にも応じられるように、予備知識を充実させる準備を怠り、ただ漠然と先方の見解を聞き出そうとした結果、適当にあしらわれてしまったのだ。

こうした経験もあったので、以後、バチカン外交官とアポがとれたときには、学生時代にもあまり経験したことがないような、事前の勉強を熱心に行なった。日本の外交官が、当該地域の紛争や問題に関するバチカンの評価や見解をなぜ知りたいのか。カトリック国でもない日本がいったいどんな点に興味や関心をもっているのか。限られた時間内に説得力をもって簡潔に説明し、相手の好意的反応を引き出さなければならなかったからだ。

他方、ある地域のスペシャリストとははじめから妙に話があい、その後もずっと親密な関係をもつことができた。あとでまた触れるが、バチカン内ではその分野において一定の権威が認められている人物であり、外交団のあいだでもとっつきにくい気難しい人物として知られていたが、私とはどこかで波長があうのか、はじめから会話が嚙《か》み合うようなところがあった。こちらが望めば先方の都合がつくかぎり、いつでも会ってくれるような関係を築き上げるまでになれたのは、いい経験だった。少数精鋭の集団といっても人間同士の相性があって、理屈抜きではじめから妙にウマがあうこともあるのだ。

アフリカ出身法王の誕生も近い？

思えば、キリスト教とは元来、「神」と個々人の魂との関係を重視するものである。社会や家族の習慣ではなく、個々人の意志で信仰の道に入ることこそがもっとも重要なこととされている。

このためもあろうか、バチカンでは何事にせよ、最後は個人の能力が決め手になる、という精神がいまでも濃厚に息づいている。人種、出自、年齢にかかわりなく、キリスト教徒としての善意、徳性と、組織人としての知力、能力を兼ね備えてさえいれば、その資格に相応《ふさわ》しい最適なポストが付与される。外務局職員の半数にあたる48名がイタリア出身ではあるが、近年、アフリカやアジアなど非欧州出身の大使の割合が増加する傾向が続いている。

バチカンはそもそもローマで生まれた組織であるため、欧州世界を中心に発展してきた。歴代法王はイタリア出身者に限定されていないが、基本的にはヨーロッパ人によって占められてきた。そして266代目に至って、はじめて南米出身の法王が誕生したのである。

人類社会のグローバル化現象を考えると、これまで２０００年以上も生き延びてきたバチカンが、欧州以外の世界に目を向けるのは、ある意味で当然のことである。

事実、欧州では相対的にカトリック人口の減少傾向が続くのに対し、アフリカやラテンアメリカ、アジアではカトリック人口が著しく伸びているのだ。アジア地域に限っても、韓国のカトリック人口はすでに６００万を超えたともいわれており、ヒンズー教徒の国であるインドにおいても、また世界最大のイスラム人口を有するインドネシアでも、おのおののカトリックは１０００万人以上の規模となっているのである。バチカンの非欧州地域に対する進出傾向は加速することこそあれ決して後戻りすることはなく、将来は伝統的な欧州中心主義から脱皮する可能性をはらんでいる。

フランシスコ法王自身が、欧州中心の伝統的なバチカン世界から見れば、周辺的存在といえる南米出身者である。歴史的必然ともいえる脱欧州主義の傾向を是認し、誇りにすら感じている様子もうかがえる。法王の外遊先の決定や新たな枢機卿の任命などにおいても、脱欧州主義の傾向が明らかに見てとれる。またその傾向は、ローマのバチカン市国を歩いてみれば一目瞭然《いちもくりょうぜん》ともいえる。忙しそうに行き交うシスターたちの皮膚の色はさまざまであり、むしろ白い肌をした人を見かけるほうが難しくなっているくらいなのである。

さらにいえば、遠くない将来、アジアやアフリカ出身の有色人種系ローマ法王の出現すら否定できないのが現在のバチカンである。その候補者となりうる人物として、私もアジア出身の枢機卿とアフリカ出身の枢機卿の名を耳にしたことがある。

どちらの人物も将来の有力候補と目されそうな経歴をもっていた。今世紀中にも有色人種のローマ法王が出現する可能性は、非常に高いのではないかと思われる。米国でさえ、アフリカ系の大統領が実現したのである。現代世界の変貌の速さと凄《すさ》まじさを考えると、こんな考えも夢物語とは決していえなくなってきている。

出身地域や人種にこだわらない最近のバチカンの傾向を、単純に能力主義と呼ぶのは語弊があるかもしれないが、個々人の能力を重視する慣習がバチカンに根づいているのは確かだ。

この組織文化は、トップであるローマ法王位が世襲制ではないという事実によく現れている。よく知られているように、新しいローマ法王は、枢機卿が投票権をもつコンクラーベという選挙を通じて選出される。「神の代理人」として最高位の権威を付与される法王は、その地位に相応しい人物が選ばれなければならない。そこには世襲とか血縁とかいう要素は入り込む余地がないのだ。

もちろん能力主義や適材適所は、口でいうほど簡単に実現できるものではない。バチカンの外交官といっても、みな同じ人間である。ポストをめぐる嫉妬や中傷など、複雑な心理的葛藤が一般社会と同じように存在するであろうことも容易に想像できる。しかし、世間一般と比べ、その弊害はある程度抑制されているというのが、私がバチカンに身を置くなかで得られた実感だ。組織のトップに法王という絶対的存在がいることがそうした弊害を取り除いている側面もあるだろうが、キリスト教の「愛と奉仕」という共通の精神的価値観が基底にあるゆえではないか。

やや大げさかもしれないが、バチカンは古代ローマの文明的遺伝子を濃厚に引き継いでいることも重要だ。高度な文明を築いた古代ローマの人々は、真のコスモポリタンとして他民族や他地域出身者に対する開放性を文明の特徴としていた。出自や出身地にとらわれない、適材適所主義を徹底させることによって、あの広大なローマ帝国を築き上げた。

トラヤヌス帝やハドリアヌス帝は現在のスペイン生まれ、カラカラ帝は北アフリカ出身者だった。バチカンにおいても、これまで歴代ローマ法王のなかにはドイツ人、フランス人、オランダ人、スペイン人などがおり、過去2代の法王もそれぞれポーランド、ドイツの出身者となっている。まさに各個人の能力適性に基づく適材適所主義が実現されている。

肩書に対する意識が希薄な世界

普通の社会であれば、人物そのものよりもむしろ、その人の有する肩書や地位のほうが大きな意味をもつ場合が往々にしてある。ところがバチカンは、肩書に対する意識（ランク・コンシャスネス）の程度や濃度は一般社会におけるそれと比べ、はるかに希薄な世界なのだ。

私がバチカンのランク・コンシャスネスの希薄さを痛感したのは、駐バチカン日本大使公邸での食事会でのことだった。

その日、大使はバチカン外務局の次官を招いていた。当時、在バチカン日本国大使館はローマ法王の訪日の可能性を探るため、さまざまな調整を行なっていた。その鍵となる人物の一人が、この次官だった。当然、次官は一人でやってくるわけではない。課長クラスのスタッフがその食事に同席していた。課長クラスといっても少数精鋭のバチカンのことだ。彼は日本を含むアジア情勢全般に通じており、その専門的知見はバチカン内でも尊敬を集めていた。

とはいえ、次官と課長といえば、日本の外務省ならば天と地ほどの差があるポストである。私が驚かされたのは、次官と同席していても物怖じしない課長の態度だ。「いま次官はこう言ったけれど、自分はこう思う」ということを平気で言ってのける。組織内での話ならともかく、外部のわれわれを目の前にして部下が上司の意見を否定するなど、日本では考えられない。

年功序列制度がまだしっかりと根を張っていた一時代前の日本では、官庁でも民間企業でも、年配の上司が若い部下にかしずかれるようなかたちで仕事をする風景が一般的だったように記憶している。しかしバチカンでは、若い上司と年上の部下という関係は珍しくもなく、さらにはその年上の部下のほうが明らかに主導権をもち、それが自然なかたちで態度に現れているような場合もある。

バチカンにおいては、「神」という絶対的な存在を前にして、人間はいかなる者も平等である。人間の世界においては、個人対個人の関係が非常に大切にされる。バチカンの人々と接していると、世俗的な地位の上下関係はこの世の仮のものであると感じられた。

じつは私自身、赴任するまでバチカンに対しては一定の先入観をもっていた。ローマ法王を頂点に、まるで軍人の組織のように厳格な階級制度をとっているバチカンは、因襲に凝り固まった組織だと思い込んでいた。だから、バチカンの風通しの良さは本当に意外で、私にとってはこのような慣習はうれしい驚きでもあった。

ワインのような老人力

個々人の能力を重視し、若手職員であっても積極的に登用されるバチカンだが、老人に対する敬意に欠けているわけではない。

バチカン勤務時代、法王庁の優秀な職員に関連して、気づいたことがある。それはバチカンにおける、老人力の正当な評価とでもいえるものだ。フランシスコ法王の年齢は、就任時の２０１３年３月で76歳に達していた。のみならず、法王を支える枢機卿の平均年齢が当時で73歳といわれ、２０１５年の時点で枢機卿の最高齢者はなんと１００歳だったのだ。コンクラーベの選挙権は80歳までだが、80歳を過ぎても功労に報いるべく名誉職的に枢機卿に任命される聖職者もいるためだ。さらにローマの法王庁で働く職員の退職年齢は、一応70歳となっているが、実際にはさまざまな慣行があり、70歳以上の職員はそれこそいくらでも目にすることができる。

この現象の裏にはいかなる理由が隠されているのだろうか。思えば、バチカンはそれ自体が人類共通の歴史遺産ともいえるほど、宗教、芸術、科学、思想など人間活動のあらゆる分野における、過去２０００年の記録が蓄積されている世界である。そのような環境のなかで、バチカンに代々相続されてきた過去の記録や芸術作品などを通じて歴史を追体験し、最良と思われるものだけを取捨選択していく能力を身につけるためには、いかなる天才をもってしても一定の歳月が必要となる。

この世の中には、学習能力や芸術の才能でほかの者とは次元を異にする、天才としかいいようのない人間もたしかに存在する。しかしそのような天才たちですら、この世に生を受けたときには必ずゼロからすべてを始めなければならず、早熟であっても、何をなすにも一定の時間が必要になる。その事実に鑑みると、バチカンにおいては、しっかりと刻まれた歳月と経験の重みが、より重要となる世界であることがわかる。バチカンの世界にあっては、神童の天才性よりも、老人の成熟と経験がより重要な意味をもつのである。

ちなみに、ただ無駄に年齢を重ねることを指して「馬齢を重ねる」という表現がある。たしかに、馬のような動物は年の経過とともに生物的機能が衰えるだけであり、知的、精神的には何も向上がないまま生命体としての最後を迎えるのかもしれない。しかし人間は、肉体的にはほかの生物同様の運命を免れないが、少なくとも可能性としては、死が訪れるまで知的、精神的な鍛錬を続けることが許された生き物なのである。

私が好きな文学者のなかには、自裁（自殺）というかたちで、いまの私の年にはすでにこの世の生を終えている人がいる。その理由は多々あるにせよ、共通しているのは「死そのものより老いを嫌悪した」ためではないだろうか。私自身も、胸の底にはそんな暗い厭《えん》世《せい》感を抱えていたが、バチカンの聖職者たちの老いに対する肯定的な態度やそのわけを知り、時の経過に対する否定的な見方も変わりつつある。日本でいう「年の功」はたしかにあるようだ。

こんな話を、ワイン通のバチカン外交官に打ち明けてみたことがある。彼も70歳をとっくに超えていたが、「最高品質のワインをつくるためには長い年月を必要としますよね。私は自分自身を〝熟成を続けるオールド・ヴィンテージ・ワイン〟だと思っているんです」と返ってきた。感心して聞き入っていると、イタリア出身の彼はいたずらっぽく微笑し、こうつけ加えることも忘れなかった。

「もちろんフレンチではなくイタリアンだがね」

魅力的なバチカンの住人たち

　バチカン外交は、このように優れた資質をもつ限られた人材が適材適所に、そして効率的に配置されることにより支えられているが、その個々人がまた非常に個性的で魅力に富んでいるのである。

　ある高位聖職者は、非常に無愛想で最初は極めてとっつきにくい相手だった。こちらから質問しても、まともに答えてくれることがない。「あなたはどうお考えですか」と逆にこちらの見解を聞き返すだけで、私も内心腹を立てたことがいくたびもあった。ところが不思議なことに、そんな対応をとられても一瞬腹が立つくらいで、そんなに嫌な感じがしない。独特な雰囲気があり、人徳としかいいようがない。

　粘り強く接触を続けていくうちに、それが彼一流の誠意ある対応であることが徐々にわかってきた。彼は、質問に答える前に、その相手がどの程度の知識と見解をもっているのかを理解、確認していたのだ。そのうえで、相手の程度にあわせた回答をするのが適切かつ誠実と考えるタイプの人物だったのである。

そんな儀式のようなやりとりを経たあとで、適切に本質的なところだけを簡潔に説明してくれるようになった。さらには続いて、その事柄に関連したおもしろい逸話などを披露してくれたりする。気がついてみれば、無意味な時間を費やすことなく、ごく自然に彼の話の要点がこちらの胸にすうっと入り、その見解の内容も十分に納得できるのだった。

外交官を含め、どこの世界にも優位な立場を笠に着て、上から押しつけるような態度をとる人が少なからずいる。それも権威づけのためか、わざわざ不必要に難しい表現を使い、一方的に見解を押しつけるような人物もいる。そして、なぜかそのような人物の発言に限って、こちらの琴線に触れるような内容を伴わない。最初は無愛想だった高位聖職者は、まさにこの逆のケースだったといえる。

またもう一人の人物は、大変な美食家でワインにも詳しい聖職者だった。あるとき彼が寿司や日本酒にも大きな関心を示したので、早速食事に招待し、寿司や天ぷら、吟醸酒などを楽しんでもらったことがある。会話が弾み、彼からの情報は仕事におおいに役立てることができた。

仕事とは離れた雑談でも、彼が語るバチカンとワインにちなんだ歴史的なエピソードは、秀逸でかつ極めて興味深いものだった。たとえば、『旧約聖書』に出てくる「ノアの方舟《はこぶね》」で有名なあのノアも、全能の神に愛され選ばれた者ではあったが、ことワインに関してはだらしない酔っ払いだったとか、『新約聖書』のなかにあるイエス・キリストが水をワインに変えたとされる奇跡話のさらに奇抜な解釈とか、ローマ帝国滅亡後の欧州でワイン造りの伝統を守り抜いたのは他ならぬカトリックの修道院だったとか、どれも興味深い話ばかりで、本当に心から楽しむことができたものである。

法王庁の中枢で、法王を支える高位聖職者のなかでは、とくに忘れられない人物だった。高齢の彼は私の仕事にも関係する、とある分野の専門家で、とっつきにくい性格で知られていた。ところが、なぜか私は最初から彼とウマがあった。食事の誘いは一切受けない。大使からの誘いも受けない。それでも私の面会申し入れにだけは必ず応じてくれるので、彼の秘書は驚いていた。何が気に入られたのかわからないが、人には説明のつかない相性というものがあるということだろう。いずれにしても幸運としかいいようがない。

イエス・キリスト自身が偉大なコミュニケーターとして真の天才であり、民衆の心を自然にとらえていったことは想像に難くない。キリストが神の子であったか否かは信仰の世界に属することだが、約2000年前にこの地上に実在した人物であったのは確かと思われる。その人物が富も武力も用いず、今日に至るまでこれだけの信者を獲得したのは、奇跡を演じてみせたということは別にして、人間的感化力が際立って優れていたがゆえであろう。バチカン外交の最前線で働く彼らもまた、程度こそ違え、同質の才能をもちあわせているのかもしれないと感じ入ることがたびたびあった。

特殊な専制国家バチカンの強み

少数精鋭主義を基盤としているからこそ実現できるのであろうが、バチカンでは重要な意思決定や要人の外国訪問などが短時日《たんじじつ》のうちに、じつにタイミングよく行なわれる。

法王自身の外国訪問は別として、その代理や特使の派遣については驚くほど迅速な意思決定を行なっているのだ。ここで法王特使や代理といっても、日本でいえば首相にあたる国務長官だったり、外務大臣にあたる外務長官だったりと、いわばVIPクラスの幹部である。それらの重要人物が外国訪問を行なう際には、煩瑣《はんさ》な手続きや多くの時間を要するのが普通の国の慣例である。とくに日本ではその傾向が強いが、バチカンは必要なときには疾風迅雷《しっぷうじんらい》のような素早さでこれに対応しているのである。

２０１４年の春、私は、バチカンのパロリン国務長官による中東地域のある国への訪問が３日後に実現することを報道で知った。当時、仲良くしていたバチカンの中東専門家がいたが、まったくの寝耳に水。その彼に電話し、若干の恨みを込めて、「こういう話はもっと早く知らせてくれると大変ありがたい」と、やんわりと問い詰めた。

「わかってくれ。国務長官の訪問は昨日の夜に決定されたんだ。仕方ないよ。バチカンはこういう世界なんだよ」

彼の返答を聞いて、おおいに驚かされた。国務長官という重要人物がたった一晩で外国訪問を決めたというのである。日本であれば考えられないスピード決定だ。

しかしよく考えてみれば、そもそもバチカンとは「神の代理人」たるローマ法王の絶対専制体制が確立した組織である。三権分立などという概念とは無縁で、選挙もなければ議会もなく、基本的にはすべてが法王の鶴の一声で決まる世界だ。もちろん、実際にはすべてのことを法王が一人で決めているわけではなく、バチカンの存立にかかわる重要案件は別にして、それ以外の雑多な事項については、下位の者が実質的な決定を行なえるよう権限が委譲されている。その結果として、バチカンは外交上の反射神経、つまり事態の必要に応じて迅速に対応できる組織となっている。

民主主義社会に生きるわれわれの多くは、不完全ながらも民主主義以上の優れた政治体制はないと思いがちだ。たしかに、三権分立による権力独占の相互監視、議会を通じた民意の反映、法の支配による社会規範の透明化などは、ほかの政治体制と比較して圧倒的に優れた統治原理を内包している。

だが同時に、民主主義の制度的弊害も厳然として存在する。民主主義社会で国家の重大意思決定に到達するためには、民意を集約しなければならない。そのために必要な時間の長さと手続きの複雑さから免れることは難しく、その点だけに絞ってみれば、民主国家より専制国家のほうが優れているともいえる。外交においてはこれが民主主義国家の足枷《あしかせ》となるケースも少なくない。

一方、基本的にはすべての決定を法王の判断一つで下すことが可能とされ、あとは全組織が素早く動き出すことを原則としているバチカンでは、見事にその弊害を免れている。実際にはそれほど単純な原理で日々動いているわけではないが、バチカンの意思決定とそれを履行する素早さは、ロシアよりも中国よりも、いや北朝鮮のような国と比べてさえ優れているかもしれない。国際情勢は生き物といってもよく、状況は日々変化する。優れた外交とは、タイミングを外さないかたちで、瞬間的な勢い（モメンタム）を適切にとらえる外交に他ならない。その意味でバチカンは、優れた外交を展開する能力と体制を兼ね備えた一流の組織であると評価できるのではないだろうか。

中国との忍耐強い関係

迅速な意思決定がバチカン外交の強みであることは確かだが、その一方で、忍耐強く状況を打開できるタイミングを待つことができるのもバチカン外交の特色である。

バチカンはどんな国が相手だったとしても、自ら対話を閉ざすことは決してない。対話の道だけは最後まで残すべく、外交チャンネルはつねにオープンに維持することを基本原則としている。いわば「忍耐力」がバチカン外交の特質ともいえる。

２０１６年７月現在、バチカンは世界１８０カ国と正式な外交関係を有している。現在、外交関係がないのは、中華人民共和国、北朝鮮、ベトナム、サウジアラビア、アフガニスタンなどとなっている。これらの国々とは複雑な歴史的経緯もあり、外交関係が断絶されたままであるが、対話のチャンネルはつねに開放しておく基本方針自体は揺らぐことがない。少なくとも、バチカンのほうからは関係正常化に向けた努力は絶え間なく行なわれていることが見てとれる。

その顕著な例が、台頭する中国との関係であるといえる。毛沢東《もうたくとう》国家主席の主導により１９４９年に樹立された中国共産主義国家は、マルクスが「宗教はアヘンである」と指摘したように、政権と宗教が緊張関係に置かれている。このこともあり、１９５１年以来、バチカンと中国との外交関係は断絶されたまま今日まで至っている。

ローマにある荘厳華麗なサン・ピエトロ大聖堂を真正面に見据えたバチカンのメインストリート、コンチリアツィオーネ通りは、映画「ローマの休日」で有名になったサンタンジェロ城から信号を渡ってすぐのところから始まっている。そこは1年中、世界中からの観光客や、巡礼者の姿が絶えることがない世界第一級の国際観光地である。その通りをほんの１００メートルほど行った先の右側の建物の上に大きくはためいているのは、中国の五星紅旗ではなく台湾の国旗なのである。台湾はそこに在バチカン大使館を設置している。国連における中国の代表権が台湾から中華人民共和国に移ったのは、45年も昔のことであるにもかかわらずだ。

近代中国とキリスト教の関係は、中華人民共和国成立以前に遡る。欧州列強による清帝国の植民地化の過程で生じたアヘン戦争、太平天国の乱、義和団事件などは中国では負の歴史と位置づけられていることはいうまでもない。たとえ間接的にではあれ、キリスト教がこうした歴史にかかわっており、大きな混乱や災禍《さいか》を中国社会にもたらしたという事実も否定できない。

そのような背景もあってか、中国政府は共産党政権樹立後、キリスト教を国家の統制下に置くべく「中国天主教愛国会」という名の、いわば官製のカトリック教団をつくりだしている。カトリックの司教叙任権をバチカンの権威から切り離して、「愛国教会」所属の司教は中国政府が任命できるようにし、実質的に政府の管理下に置いたのである。これは従来のキリスト教会とは別物と考えてよいであろう。その結果として、今日までバチカンとは外交関係が断絶されたままとなっている。

中国における従来のカトリック信者たちは、別途「地下教会」を組織し、共産党指導部の厳しい監視と圧力のもとに置かれながらも、バチカンとの関係を保って活動を続けている。この司教叙任権問題が解決されるまでは、中国とバチカンの関係正常化は進まないものと考えてよいだろう。

叙任権の不可侵性は、バチカンの存立基盤にかかわる重大な問題をはらんでいる。叙任権とは、キリスト教会における司教や修道院長などの責任ある聖職者を任命する権限であるが、中世欧州においては、封建領主がこの叙任権を握り、結果として聖職売買や高位聖職者の堕落を招く一因ともなっていた。バチカンには、とくに中世において、欧州各地の封建領主とのあいだでこの叙任権をめぐり、血で血を洗う熾烈な抗争を繰り返してきた歴史がある。バチカンの叙任権の不可侵性を中国が認めないかぎり、両者の歩み寄りは考えにくい。

その中国では、経済発展に伴う社会の流動化とともに、宗教統制のタガも緩くなる傾向が続いてきた。ところが近年、中国政府の中枢にとって、宗教活動の自由を認める副作用として、汚職の追及や反政府活動が強まる懸念が急速に頭をもたげてきたのである。これがさらに社会不安を助長するとの恐怖につながり、最近では逆に、宗教統制を強める動きが続いている。

プロテスタントは、聖書を媒介とした個々人の宗教活動が中心となる。しかしカトリック教徒の場合は、バチカンの指導下で統合された組織的活動を行なうことから、中国政府にとってはよけいに脅威度が高いといわれている。

キリスト教徒と民主化の相関関係については、韓国の例がある。韓国での民主化促進の過程では、キリスト教徒が宗教活動の自由化を求めて大きな役割を果たしたといわれている。私が知っている駐バチカン韓国大使は、民主化運動において果たしたカトリックの力を信じる者の一人であった。

韓国では、1987年に憲法が改正され、国民直接選挙による大統領選挙が実現し、それまでの実質的な軍政に終止符が打たれた。その民主化運動の過程では、カトリック信者も教会を中心に熱心かつ粘り強い活動を展開した。政府の弾圧により、投獄されたり職を失ったりしたカトリック信者もかなりの数に達したという。この話を踏まえれば、現在の中国政府指導部が時代に逆行するようなかたちで宗教統制を厳しくしている理由もわかる。

しかし、その中国でもキリスト教徒の数は増え続けており、カトリックだけでもいまでは1000万人以上の信者がいるといわれている。2000万人という数字すら耳にする。中国政府もこれを抑え込むには、もはや宗教統制強化の一本槍では立ち行かなくなる日がくるのは明らかだと認識していることだろう。

バチカン側としては中国との対話のチャンネルはつねにオープンに保ち、フランシスコ法王から、習近平国家主席に対する個人的メッセージを送って対話を呼びかけ続けている。

私のバチカン在勤時代、中国の外交団が頻繁にバチカンを訪問していた。２０１４年８月には、韓国訪問を終えたフランシスコ法王が同行記者団と特別機の中で会見し、中国への早期訪問の希望を表明した。

バチカンはまた、同年12月にローマを訪問したチベット仏教の最高指導者ダライ・ラマ14世からのフランシスコ法王との会談要請を拒否している。これは中国への配慮を示すメッセージと受け止められた。これに対する返礼なのか、中国では２０１５年８月、約３年ぶりにバチカンが承認した司教が就任した。２０１６年４月からは司教叙任権をめぐる作業部会が始まり、欧米メディアの一部は中国側が司教の候補を提示し、最終的に法王が任命する方式でまとめる方向だとも報じている。

中国とバチカンの特異な時間感覚

時代は一気にバチカンと中国の和解へと向かいつつあるようにも見える。だが、バチカン関係者の多くが対中関係の改善を決して楽観視していないことには留意すべきだ。私がバチカン勤務当時、中国との関係に関し、法王庁内のある専門家の意見を聞いた際に印象に残ったことが2点ある。

一つは、現状認識についてはこちらが想像した以上に悲観的だったことだ。法王が２０１４年に機中メッセージを発したあと、法王庁内の中国専門家が「中国との関係はそんなに甘くない」と語ったのをよく覚えている。

そしていま一つは、ある意味ではこちらのほうがより強く印象に残ったが、決して絶望しているわけではないという一種奇妙な自信のほどであった。いずれにせよ、バチカンも中国も、悠久の歴史をもつ点では勝るとも劣らぬ大国である。一朝一夕に大きな成果が達成されることはないかもしれないが、細々《ほそぼそ》とでも関係を保つ努力を厭わない強みがバチカンにはある。詳しくは次章に譲るが、こうした伝統がバチカンのインテリジェンス能力にも貢献していることは間違いない。

米キューバ関係の正常化に果たしたバチカンの貢献も、いきなり、または偶然生じたわけではない。58年前のキューバ革命時にまで遡るオープン・チャンネル政策が時宜《じぎ》を得て、功を奏した結果でもある。この特異な時間感覚を背景とした粘り強い外交姿勢が、将来において中東和平の進展にも、また中国との関係改善にも、さらには北朝鮮との関係においても、何らかの肯定的役割を果たす可能性があろうことは否定できない。

中東和平問題に関連していえば、2014年6月、フランシスコ法王はパレスチナのアッバース大統領とイスラエルのペレス大統領（当時）をバチカンに招待している。二人は法王を真ん中にして、法王庁の宮殿中庭において一緒に平和の祈りを捧げたのである。

その後、平和の象徴であるオリーブの記念樹を植え、これにはバルトロメオ1世正教会総主教も加わり、聖地エルサレムにおけるユダヤ教、イスラム教およびキリスト教の平和共存をともに祈った。もちろん、暗礁に乗り上げた状態が続いていた中東和平プロセスが、これで一気に打開されるほど甘くはない。しかし、犬猿の仲であるパレスチナとイスラエルの大統領がともに手を携え、平和の祈りをバチカンで捧げたということ自体が歴史的なことなのだ。

この事実を契機として、将来、いかなる作用が生まれるか誰にもわからない。ユダヤ教、キリスト教、イスラム教はみな一神教であり、エルサレムをそれぞれが聖地としていることから、中東和平プロセスがそう簡単に進展しないことは自明である。だが、そもそもこの3つの宗教は同じルーツをもっており、過ちも含めて同じ歴史を有しているのである。

フランシスコ法王が見守るなか、ペレス大統領（左）と挨拶を交わすアッバース大統領（中央）。

したがって、一方が他方の信念を変えさせることは不可能としても、相互理解と相互尊重は可能であるとするのが、現在、フランシスコ法王が主導して進める宗教対話の基本的哲学となっている。カトリックの意外な柔軟性と、その長いスパンでものを見る時代感覚を考え合わせると、いつの日かは何らかの成果を出す、あるいはそのための重要な契機を提供するのではないだろうか。

第4章

インテリジェンス大国バチカン

世界中に張りめぐらされた情報ネットワーク

法王庁には、正式な外交使節（在外公館）からの情報のみならず、世界各地に根を張った司教区や末端の現地の教会から上がってくる膨大な情報が蓄積されているといわれている。

そうであろう。なにしろ世界中のどこにおいても、現地情勢にかかわる情報収集と分析では、極端なことをいえば２０００年以上の歴史と経験を有するのがバチカンなのである。とくに欧州の中世においては教会組織が網の目のように社会の隅々に行き渡り、各地の教区でその土地の民衆と生活を分かち合い、奉仕活動を続ける聖職者たちの生の声がまとまった報告として法王庁に届けられていた。その結果、バチカンは他の追随を許さないインテリジェンスの一大集結地となったのだ。

さて、本書では「インテリジェンス」という言葉を使うが、昨今巷《ちまた》に氾濫している感のあるこの言葉について簡単に説明しておきたい。インテリジェンス（intelligence）とは単なる情報（information）とは違い、付加価値のついた特殊情報（諜報）を指す言葉であり、元来は軍事や安全保障分野で、国の重要決定に影響を与える機密情報を意味していた。それは種々雑多、千差万別の情報のなかから選別し、その意味を解釈するかたちで精錬した情報といってもよい。

米国の有名なスパイ組織CIA（Central Intelligence Agency）は日本語で「中央情報局」と訳されているが、これはインテリジェンスにあたる適当な日本語がなかったためと思われる。したがって、正確には「中央インテリジェンス局」とでも呼ぶべきものであろうか。CIAの真ん中のIはInformationの「I」ではないのである。もちろん言葉は生き物であり、時代により意味合いを変えていくものではあるが。

似たように便利な使われ方をしている言葉に「戦略（strategy）」という語がある。もともとは狩猟などの際に最大の成果をあげるため、用意周到な全体計画を策定したことが始まりであるらしい。その後、軍事用語に転用されたが、大英帝国を支えた英国海軍は世界中の植民地の維持・経営にあたり、その戦略を基盤として、限られた数の艦船を効率的、重点的に運用した。なかなか使い勝手のいい言葉なので、なんとなくわかったような気がして誰もが使いたがり、企業戦略、販売戦略、受験戦略などの語が氾濫している。

さて、バチカンに話をもどす。

現在のバチカンにはもちろん、米国のＣＩＡや英国の情報局秘密情報部ＭＩ６（軍情報部第６課）のような専門の諜報機関が存在するわけではない。また、宇宙空間から光センサーを使って高画質の衛星写真を撮影し偵察活動を行なう「情報収集衛星」のような、最新の科学技術の粋《すい》を駆使した手段もない。

しかし、現場の人間の目と耳を使って収集される、いわゆる「ヒューミント」（人的情報収集技術）の分野においては、先述したように、気の遠くなるような過去から世界各地に根を張った独特の情報収集システムを保持しているのがバチカンである。一見するとアナログな情報収集は古くて役に立たないように思われるが、２００３年の米軍によるイラク侵攻を契機に、改めてヒューミントの有用性に米国をはじめとする多くの国が気づかされた。

当時、米国とその同盟国は、サダム・フセインのイラクが、核兵器などの大量破壊兵器を隠し持っていることを最大の理由として軍事介入を決定したが、戦争終了後、大量破壊兵器はどこにも発見されなかったという大失態を演じている。これは当時の米国のインテリジェンス・コミュニティ（情報機関共同体）が、情報収集衛星写真や通信傍受などの科学的情報収集手段に頼りすぎ、ヒューミントを軽視した弊害が出たと指摘されている。この反省もあり、いまでは各先進国でヒューミントが見直されており、バチカンが長年培ってきた情報収集手段が普遍的なものだったことが改めて確認できる。

北朝鮮に入り込むカトリック

バチカンのインテリジェンス能力は世界の隅々におよぶ。これは外部から閉鎖された北朝鮮も例外ではない。

拉致《らち》問題や核ミサイル開発問題などで、わが国につねに喫緊の課題を突きつけている北朝鮮に関しては、バチカンにとっても関係正常化への道筋は困難かつ長いのが現実だ。しかし、この極めて特殊な国とのあいだでも、表の関係は途絶えたままだが、非公式な対話のチャンネルはしっかり保持されている様子がうかがえる。

福音宣教活動と並び、貧者や困窮者に対する慈善活動の分野でも、長い伝統を有するバチカンは、その傘下《さんか》に国際カリタスと呼ばれる一種のＮＧＯ（非政府組織）を抱えている。この組織が、北朝鮮のような外交関係が断絶した国々においても、緊急人道支援活動を地道に行なっている。活動は、食糧支援と医薬品や医療機器の提供を柱としたもので、政治色のない純粋な人道支援といわれているが、細々としながらも現地の生の声に接することが可能になるという、現実的な利点があるのも事実だ。

もちろん、バチカンは情報を得るという実利的な動機で北朝鮮に関与しているとは言いがたい。すでに述べたように、バチカンの国益は狭義ではキリスト教徒の擁護だが、広義では人類全体に福音をもたらすことにある。じつは北朝鮮にもカトリック教会は存在するが、人口に占める割合は微々たるものであろう。それでもバチカンが北朝鮮に手を差し伸べようとしているのは、飢え死にしたり、大変な目にあったりしている人を助けるという宗教的使命感に支えられてのことだ。だからこそ、北朝鮮もカリタスの活動を受け入れている。そこがバチカンの強みでもある。

相手がどのような体制を有する国であっても、対話のチャンネルだけは維持するというバチカンの基本的な外交哲学が、北朝鮮に対しても揺らぐことなく貫かれているといってよい。北朝鮮のように徹底的な情報管理が行なわれ、極めて特殊な体制下にある国においても、人間としての本質的なところは何も変わりがなく、いつの日かは善意に対する善意の返答があると信じる姿勢は不動だ。こうした信念のもと、チャンネルを閉ざすことなく、困難な活動を継続するバチカンの姿勢は、宗教的な信念に下支えされているにせよ、実利的な外交資産ともなっている。

日本からすれば、隣国として北朝鮮の核・ミサイル開発と対峙《たいじ》することを余儀なくされており、北朝鮮におけるバチカンの情報収集能力は隠れた宝の山ともいえる。ここで詳しく述べることはできないが、私自身もバチカン外務局の関係者に幾度となく接触を試みた。もちろん、バチカンが北朝鮮軍の内部情報を豊富に有しているといえば嘘になる。たとえ国際カリタスが北朝鮮軍施設の周辺で活動を行なっていたとしても、そこからうかがい知ることができる核・ミサイル開発の進展状況を把握することは難しい。

しかし、どのような国であっても、軍の活動は国民に支えられてはじめて成り立つものだし、一般国民の生活状況の影響を受けざるをえないのが軍なのである。とりわけ、北朝鮮のような閉鎖国家であれば、些細な情報であっても今後の動向を占ううえで貴重な材料となる。一見すると、さほど意味のない情報をつなぎ合わせ、これまで得られた知見も加味して分析を施し、「商品」に仕上げるのがインテリジェンスに携わる者の腕の見せどころといえる。

北朝鮮にはこの地に留め置かれたままとなっている日本人拉致被害者もいることを考えれば、その生活状況を探るうえでもバチカンの情報は重要な意味をもつことになる。水害の状況、農作物の作況、民心の状態など、北朝鮮内部に入り込むバチカン関係者がもたらす情報は、世界各国が先を争って手にしたい情報であることは外交関係者の意見が一致するところだ。

実際に、バチカンでは、CIAやMI6など情報機関のインテリジェンス・オフィサーが飛びまわっているといわれている。バチカンを舞台としたわけではないが、私自身もかつて複数の情報機関の職員と接触したことがある。率直に言えば、居心地の悪い経験だったと言わざるをえない。彼らが外交官を（少し大げさに言えば）馬鹿にしているのがそれとなく伝わってくるのである。「外交官はいろんなところでベラベラとしゃべる。知ったかぶりする」とでも言いたげに、笑顔のときも目は笑っていない。「こいつはどこまで知っているのだろうか」という値踏みされる感覚というのだろうか。いずれにせよ、住む世界が違う人だなという印象を受けた。

韓国と北朝鮮の橋渡しを担う可能性も？

ここで、北朝鮮と北緯38度線を挟んで対峙する韓国についても少し触れたい。

韓国は、日本と比べれば、はるかにカトリックが多い国だ。政治家だけに限ってみても、1987年に民主化を経て復活した直接大統領選挙以降、6人の大統領のうち3人がカトリックの洗礼名を有している。朴槿恵《パククネ》大統領、金大中《キムデジュン》元大統領、盧武鉉《ノムヒョン》元大統領だ。

韓国のカトリック人口はいまでも増大を続けているといわれている。その事実は、2014年8月、フランシスコ法王の韓国訪問の際に、韓国国民が見せた熱狂的な歓迎ぶりに現れているといえよう。そのようなことを考え合わせると、いずれバチカンが韓国と北朝鮮の橋渡し的な役割を担う日がくる可能性も、あながち否定できないのではないか。

フランシスコ法王は、韓国訪問の帰路、法王専用機内の記者会見において南北統一問題について質問を受け、「韓国民であれ北朝鮮国民であれ、同じ朝鮮語を話している。同じ言語を話すということは母が同じであることを意味している。いつかは必ず南北の統一が実現することを信じている」と述べている。現在、韓国国民（とくに若い世代）のあいだでは、南北統一は夢物語であり、もはや現実的な課題とは見なされていない側面もあるが、ここは改めて法王の発言を噛みしめてみたいものだ。

朝鮮半島にかぎらず、アジアにおけるバチカンの情報収集能力は、カトリックが8割を超えるフィリピンではもちろんのこと、ベトナムのような社会主義国家でも一定の水準に達していると見ることができる。忘れられがちではあるが、旧フランス植民地のベトナムではカトリック信者がいまもなお存在しており、一説には550万人にのぼるというデータもある。

私のバチカン在勤時代にも、バチカンとベトナム双方からの代表団派遣や特使の往来が頻繁にあった。その流れのなかでとらえてよいと思うが、2016年11月23日にはベトナムのチャン・ダイ・クアン国家主席がバチカンを訪問し、フランシスコ法王と会見している。くしくも、ベトナムとフィリピンは南シナ海の領有権をめぐって中国と争っている。アジア太平洋地域の平和を左右する重要地域で、バチカンは情報収集の足がかりを得ていることになる。

英国国教会を創設したヘンリー8世のラブレター

舞台を16世紀初頭の英国に移し、バチカンの情報収集能力がいかに歴史に影響を与えてきたかという事例をたどってみたい。

ローマカトリック教会から離脱したヘンリー8世（左）と二人目の妻アン・ブーリン（右）。

ヘンリー8世（1491〜1547）と聞いて、まず何をイメージするだろうか。大英帝国の基礎を築いたエリザベス1世女王の実父であるが、二人目の妻でエリザベスの実母ともなったアン・ブーリン（1507ごろ〜1536）を断頭台に送った恐るべき国王でもある。生涯に6人の妻を娶《めと》り、うち2人を離縁、同じく2人を断頭台に送った絶対君主であるが、英国ではいまでも良きにつけ悪しきにつけ話題にされることが多い英国史の巨人である。ルネサンスの時代を生き、音楽、絵画、舞踊などの芸術愛好家かつ振興者としても名高く、彼の作曲になるといわれる「グリーンスリーブス」はチューダー朝の名曲として知られる。好色、無慈悲、利己的、かつ情緒不安定なキングという世評が根強いが、歴代英国国王のなかでも、もっともカリスマ性に富んだ国王の一人だったという評価も一方ではある。

ヘンリー8世が英国史に長くその名を刻むことになったのは、ローマカトリック教会から分離した英国国教会を創設（1534年）したことによる。その英国国教会を新たにつくりあげた最大の理由が、アン・ブーリンに対する恋と結婚の望みだった。

当時ヘンリー8世は、世継ぎの王子を産まなかった最初の妻、スペイン王室出身のキャサリン・オブ・アラゴン（カトリック教徒）との離婚を望んでいたが、ローマ法王庁がこれを認めなかった。カトリックの教義は、いまでもそうだが離婚を認めていない。一方、フランスで教育を受けたアンは、欧州北部を中心に広がりつつあったプロテスタントによる宗教改革運動（The Reformation）に好意的な感情をもっていた。

そこで、容貌ではなく、むしろ知性のほうで魅力があったといわれるアンは、ヘンリー8世に入れ知恵をし、「私と結婚したければバチカンとは縁を切りなさい。そのうえで先妻キャサリンを離縁すればよい」とほのめかした。その証拠として、ヘンリー8世がアンに宛てたラブレターが複数、バチカン図書館古文書館に秘蔵されている。その手紙には、一方的に燃え上がるヘンリー8世の恋心が記されており、すべてをアンが望む方向で処置

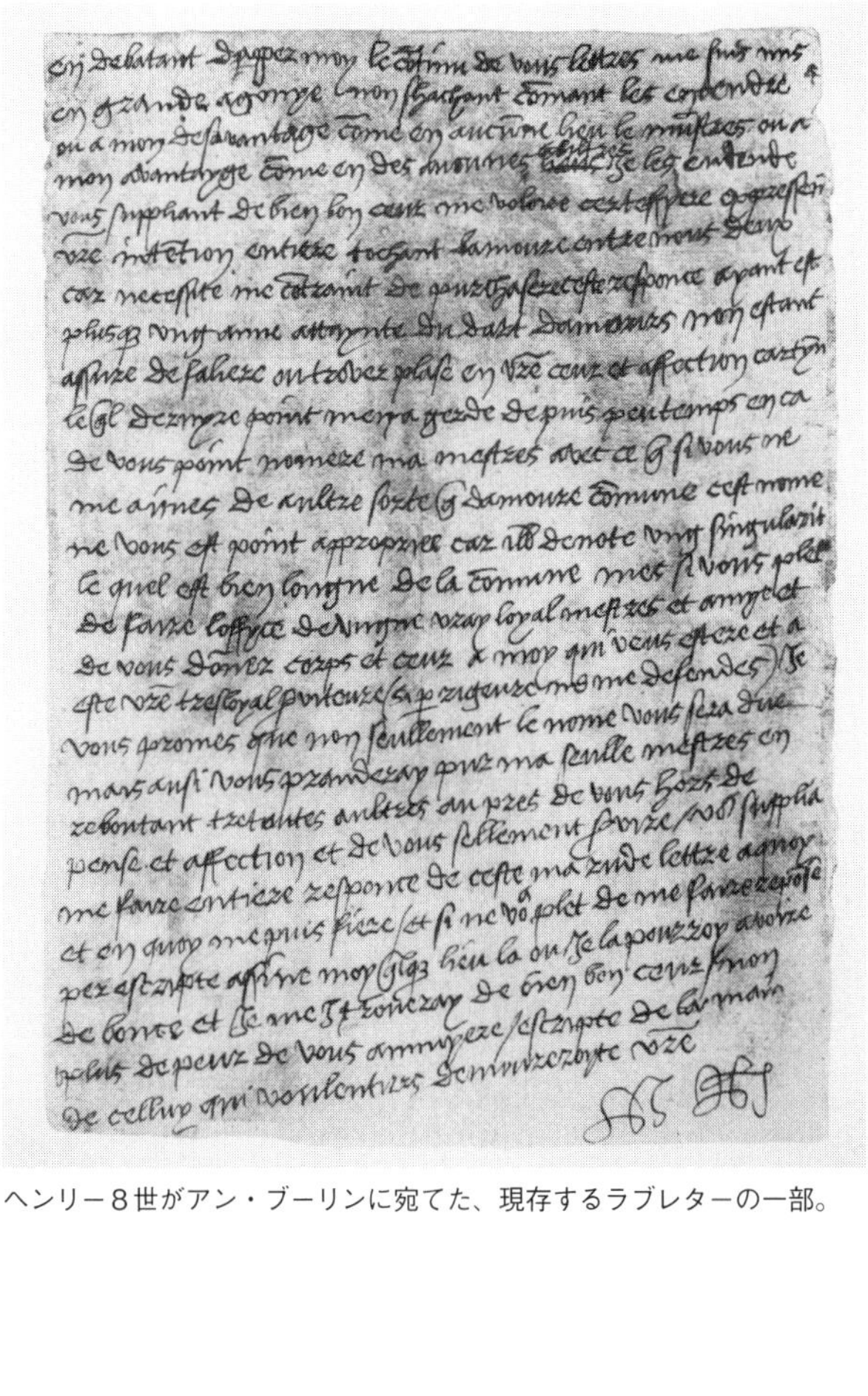

ヘンリー８世がアン・ブーリンに宛てた、現存するラブレターの一部。

する国王の決意が書かれている。国王署名の箇所には、現代の若者が書くようなハートのマークすら描かれているものもある。

これらの手紙は、バチカンが英国王室内に送り込んでいたカトリックの関係者が入手して法王庁に送り届けたものといわれている。まさに「００７」ジェームズ・ボンドも顔負けの活躍といえよう。この手紙の存在は、かなり長いあいだ英国政府も気がつかなかったと見られ、いまでは英国史上もっとも激論を巻き起こす王室書簡（the most explosive Royal Correspondence in English history）とも呼ばれている。

手紙の存在が明るみに出るまで英国の歴史学者のあいだでは、ヘンリー8世が英国国教会を創設してローマ法王庁から分離独立したのは同国王の宗教的良心が動機だという解釈が主流となっていた。

つまりヘンリー8世は、早世した兄アーサーの寡婦《かふ》キャサリン・オブ・アラゴンを娶ったが、こうした行為は聖書の戒《いまし》めるところであり、そのため世継ぎにも恵まれなかったと信じ、キャサリンと離婚できるようにすべく英国国教会を創設したとする見方である。

しかし、バチカンに残されているラブレターから推し量るかぎり、真の理由は「宗教的良心」ではなく、「アンに対する熱愛」だったと考えられる。クレメンス7世法王（１４

78～1534）をはじめとする当時のバチカンの要職者たちが、このラブレターを前にして、英国によるローマ法王庁離れの可能性を真剣に討議、分析していたというのは想像に難くない。

ともあれローマカトリック教会から独立して英国国教会が成立した背景には、「ヘンリー8世の盲目の恋」にとどまらない事情がある。当時の英国が置かれた複雑な国内事情や、宗教、政治外交上の特殊環境もあったに違いない。だが、手紙の存在により、複雑な背景を「盲目の恋」という構図に単純化させたい誘惑にかられる。そしてバチカンの情報収集能力が昔からいかに恐るべきものだったかは、手紙がバチカンで保管されていること自体が物語っている。

さて、現在のバチカンの情報収集能力が、ここまで優れた威力を発揮するものだろうとはとうてい想像できないのも事実である。情報収集分析の対象も、当然のことながら宗教事情の動向に関するものであり、当該国の宗教政策、カトリックの浸透ぶり、当該地域住民の宗教的信条に関する傾向などが中心になっているのも間違いない。

しかし、情報収集・分析の世界では、インテリジェンスの確度を高めるためには、あらゆる角度から光を当て、総合的に分析するのが常道となっている。

よく知られているように、米国や英国などは優れた独自の諜報能力を有しており、インテリジェンス大国としても定評がある。しかし、このような国々でさえバチカン経由のインテリジェンスには敬意を払い、必要に応じてバチカンに接触すべくアプローチをとっているのである。

情報伝達網に目をつけたコンスタンティヌス大帝

歴史をさらに遡るが、キリスト教がついにローマ帝国を征服したのち、ヨーロッパ文明全体の精神的支柱となった契機は、西暦313年、当時のローマ皇帝コンスタンティヌス（272～337）がキリスト教の信仰を公式に承認した「ミラノ勅令」である。しかし、じつはそのコンスタンティヌス大帝自身が、必ずしもキリスト教を信じていたわけではないとする説もある。

彼は、この新興宗教の広範な情報ネットワークに目をつけ、自らの権力基盤強化とローマ帝国の存続を図るために活用したといわれる。いわば統治のための有効な道具と見なしたのである。

当時、ローマ帝国によるキリスト教徒への迫害は、悪帝ネロの時代から数えてすでに250年以上も続いていた。それにもかかわらず、ローマ帝国各地におけるキリスト教信者の数は増えるばかりだった。その結果、キリスト教を迫害で根絶やしにすることは不可能だと見極め、むしろ発想を180度転換し、これをローマ帝国の内に取り込み、キリスト教徒の支持を得ることによってローマ皇帝の生き残りを図ったのがコンスタンティヌス大帝であった。

コンスタンティヌス大帝は、地下に潜ってはいるがローマ帝国各地の司祭を中心としたキリスト教徒の情報伝播《でんぱ》力と草の根的組織力の強靭《きょうじん》性に驚愕し、逆にこれをローマ皇帝権の強化に利用しようとした。事実、同大帝の偉業を讃える「コンスタンティヌスの凱旋《がいせん》門《もん》」は有名なコロッセオのすぐ脇に建てられているが、この凱旋門の彫刻やレリーフのどこを探してもキリスト教に関する痕跡は何も見当たらない。

ナポレオンの失敗はバチカンへの過小評価

バチカン独自の草の根的情報収集・伝達ネットワークは、19世紀中ごろまでは歴史そのものを動かすような大きな威力を発揮することが少なくなかった。たとえば、ナポレオン（1769〜1821）の没落である。ナポレオンは、大陸封鎖令やロシア遠征の失敗などが没落の原因として語られることが多い。

ナポレオンはそれ以外に、バチカンとの関係で大きな失敗を犯している。彼はイタリア全土を独占支配しようとし、伝統的権威たるローマ法王庁に対しても圧迫を加えた。その結果、イタリアのみならず欧州全域のカトリック教徒から反発を買ったのである。

近代市民革命の理念を表看板に掲げ、旧体制の打破を目指して勃発《ぼっぱつ》したフランス革命（1789年）の落とし子といえるナポレオンにとって、バチカンの権威こそがまさに打倒すべき敵の一つだった。他方、軍事的才能のみならず現実的政治家としても天才の冴《さ》えを有していたナポレオンは、社会の安定と秩序維持のためには宗教の存在が欠かせないと考えていた。

自身は神を信じていたわけではないとされるナポレオンは、革命後の行きすぎた非キリスト教化運動に歯止めをかけ、カトリックとの和解を目指してコンコルダ（政教協約）を法王庁とのあいだで締結している。しかし、そのナポレオンですらローマ法王庁が有する世論形成における影響力や、欧州各地の教会組織を草の根的なネットワークでつないだバ

法王に背を向けたまま、ジョセフィーヌに皇后冠を授けるナポレオン。(ジャック＝ルイ・ダヴィッド、1808年)

チカンの情報収集・伝達能力をつい過小評価してしまったのではないか。

当時、軍事的には成功続きだったナポレオンがスペイン遠征で初の挫折を経験したのも、ナポレオン軍に対するスペインのカトリック民衆のゲリラ活動が発端となっている。

このゲリラ活動にも、バチカンのネットワークが威力を発揮したといわれている。フランス軍占領地域では、自ら志願してゲリラ活動に身を投じた下級聖職者も少なくなかったのである。

1804年、権力の絶頂に近づきつつあったナポレオンは、自らはローマに赴《おもむ》くことなくローマ法王ピウス7世（1742〜1823）を強引にパリまで呼び寄せ、ノートルダム大聖堂において有名な皇帝戴冠式を強行した。ナポレオンはローマ法王から帝冠を授かることなく、自らの手でその頭に冠を戴き、続いて妻ジョゼフィーヌ（１７６３〜１８１４）の頭に皇后の冠を置くという、当時の慣習からすればじつに大胆な行動をとったのだ。彼は皇帝としての権威づけにローマ法王の存在は欠かせないと判断する一方、ローマ法王の権威に膝を屈することを拒んだ。

その傲慢な行為が最後に高くついてしまった、というところだろうか。その後、ナポレオンとローマ法王ピウス7世との関係は悪化の一途をたどることになる。ナポレオンは、大陸封鎖令を守らず英国との貿易を黙認しているとして法王領を軍事占領しフランスに併合した。これに対しローマ法王ピウス7世は１８０９年、ナポレオンを破門した。ナポレオンはその報復としてローマ法王の身柄を拘束し、１８１３年にはフォンテーヌブロー城に幽閉した。これにより欧州中のカトリック教徒のあいだで反ナポレオン意識が拡大・強化されていったのである。ちなみに、いまでも、イタリア、とくにバチカンのお膝下であるローマにおけるナポレオンの不人気は、フランスでは想像もできないくらいひどいものだ。

しかしこの酷評も、イタリア人の目からすれば故なしとはしないものだろう。市民革命の理念を掲げて軍を進めながら、いつのまにか皇帝になってしまったナポレオンは、イタリア半島全体をボナパルト家の私有地のように扱い、イタリア中の美術、芸術品を戦利品としてパリにかき集めたのだ。のちにベニスに返還されているが、サン・マルコ寺院にある4頭の青銅製の馬像はあまりにも有名である。

また、それだけにとどまらず、自由、平等、博愛の大義のもと、イタリア各地の青年をフランス革命軍に徴兵・動員したのだった。その結果、スペイン遠征においてもロシア遠征においても、またそのほかの欧州各地の戦場においても、無数のイタリア人が戦場に無残な屍《しかばね》をさらすことになったのである。

バチカン独自のインテリジェンス

ヘンリー8世やナポレオンの時代に卓越した情報収集能力を発揮したバチカンではあるが、現在もなおその伝統は息づいている。

「はじめに」でも触れたが、バチカンはシリアに対する空爆をめぐり、2013年から2014年にかけて、一見すると矛盾した対応をとっている。2013年に米仏両国がアサド政権を打倒するために空爆の姿勢を見せた際に、バチカンはこれに反対し、２０１４年にＩＳを掃討するために空爆に踏み切った際は賛意を示している。２０１３年の時点では、空爆がシリア国内のキリスト教徒にとって好ましからざる結果をもたらす懸念が背景にあったことも「はじめに」で述べたとおりだ。

ここで注目すべきは、２０１３年に下された空爆反対の判断は、バチカンのインテリジェンス能力がなければ、なかったかもしれないという点だ。

中東地域といえばイスラム教とユダヤ教のイメージが強いが、キリスト教徒ももちろんいる。キリスト教徒が４割近くに達するレバノンはもちろん、紛争前のシリアは全人口の１割近くがキリスト教徒とされ、このなかにはカトリックも存在する。こうした人々が戦争などで苦境に立たされた場合、助けを求めるのは現地の聖職者であり、バチカンである。つまり、バチカン市国が国家としてインテリジェンス・オフィサーを配置しなくても膨大な量の情報が寄せられることになる。

フランシスコ法王が空爆に懸念を強めた背景には、空爆により直接的、間接的な被害を被ることになるキリスト教徒から助けを求める声が寄せられたからだ。バチカン駐在の外交官やジャーナリストを含む関係者のあいだでは、こうした説がまことしやかに語られていた。バチカン在勤のあいだ、「イラク戦争でいちばん苦労したのはキリスト教徒だ」という評価もいろいろなところで耳にした。こうした経緯を踏まえたうえで、シリアのキリスト教徒から救いを求める声が届いていたことを考えれば、フランシスコ法王が空爆に反対したのも頷ける。

一方、フランシスコ法王が２０１４年の空爆を容認したのも同じような事情であると、私はにらんでいる。アサド政権下において、シリアのキリスト教徒は微妙なバランスの上に立ち、生活の安寧《あんねい》を図ってきた。それゆえにこそ、シリア国内のパワーバランスを破壊しうる２０１３年の空爆は、キリスト教徒にとって有害であった。

ところが、ＩＳ登場後のキリスト教徒はかつてない苦境に立たされていた。ＩＳは２０１５年８月に制圧したシリア中部の町、カリヤタインでキリスト教修道院を破壊するなど、キリスト教徒に対する迫害が欧米メディアをにぎわせてきた。こうしたキリスト教徒の窮状は、メディアが報じる以上に詳細に、バチカンが把握するところとなったことは想像に難くない。こうした事態に一刻も早く対処するため、いわば緊急避難措置としての空爆は、むしろバチカンの望むところであった。

２０１６年４月、シリア国営メディアはシリア政府軍がカリヤタインをＩＳから奪還したと報じた。これで現地のキリスト教徒に再び平和が訪れるかどうかは予断を許さないが、ISの迫害から免れることになるのはまぎれもない事実である。その意味で、2013年から2014年にかけてのフランシスコ法王の「対応の変化」は、シリアのキリスト教徒保護というバチカンの国益に資する「英断」であったと評価することも可能だ。

法王の権威を守る情報収集能力

バチカンのインテリジェンス能力は、キリスト教徒の擁護という国益を確保するための武器だ。シリア空爆をめぐるフランシスコ法王の対応は、その証左ともいえる。類い稀なる情報収集能力は、ローマ法王のメッセージやバチカンの外交政策を練り上げるうえで重要な判断材料となる。これはウクライナをめぐるバチカンの対応に関しても当てはまる。

先にも触れたが、2014年の秋、バチカンはウクライナをめぐる国際的プロパガンダ合戦の主戦場となった感があった。ウクライナのカトリック系司教団がバチカンを訪問した際は米国大使館が発表の場を用意し、これに対抗するように、ロシア大使館も「ウクライナの現状を正しく伝えるため」に説明会を開いていた。

バチカンにとってのウクライナ問題を考えるうえで、ウクライナとロシアの宗教人口を把握しておくことには意味がある。繰り返すように、バチカンの第一義的な国益はキリスト教徒の擁護にあるからだ。

ウクライナ人の圧倒的多数はウクライナ正教会の信者だが、東方正教会も人口の1〜2割を占めているとされている。東方正教会はカトリックの教義を受け入れ、ローマ法王の教皇権も認めている。これに対し、ロシアも正教会が約8割を占めている点ではウクライナと似ているが、カトリック教徒は2％未満といわれている。宗教人口の構成からすれば、バチカンがウクライナの側に立ってロシアを一方的に非難してもまったくおかしいとはいえない。

ところが、これも前述したように、フランシスコ法王はロシアのプーチン大統領の訪問を一度ならず二度までも受け入れ、ロシアがバチカンの権威を政治的に利用しようとすることにも表立った反発はしていない。

法王がある日、プーチン大統領の評価を側近に聞いたという噂がバチカニストのあいだで話題になったことがある。ロシア事情に精通したこの側近は、ロシアの否定的な側面を強調したという。冷戦時代のソ連は東欧諸国を衛星国として支配し、バルト三国をはじめとするソ連構成国を飲み込んだ帝国主義的な性格をもった国家だったし、冷戦後のロシアもクリミア併合やチェチェン紛争、グルジア紛争など、つねに戦火を交えている軍事的色彩の濃い国家である。ソ連のスパイ組織ＫＧＢ（ソ連国家保安委員会）出身のプーチン大統領に全面的な信頼を寄せるのは危険を伴う。それでもなお、プーチン大統領の否定的評価を聞いた法王は、悲しそうな表情を浮かべて何も言わなかったという話も漏れ伝わっている。

フランシスコ法王がプーチン大統領に好意を寄せているかどうかは憶測の域を出ないのでここでは踏み込まないが、少なくともウクライナ情勢をめぐるバチカンの態度はシリア空爆のときほどはっきりしていない。

ウクライナをめぐっては、欧米メディアではロシア軍や、ロシアへの編入を目指すウクライナ東部やクリミアの分離独立派の暴虐ぶりばかりが報道されたが、バチカンには少し違う情報が入っていたようだ。あるバチカン関係者は私に「現地から得た情報では、人権侵害は双方向だ」と耳打ちしてくれた。つまり、ウクライナ政府側もロシア系住民を圧迫しているという情報が入ってきていたというわけだ。もちろん、ロシアに不利な情報もバチカンには入っていた。

「人権侵害は双方向だとはいっても、やはりロシア側のほうがひどい。程度の問題だけれども、ロシア側のほうが露骨にあくどいことをやっている」

あるバチカン関係者は、私にこう強調した。

それでもバチカンはウクライナ問題をめぐり、バランス感覚を発揮した。バチカンがキリスト教徒、とりわけカトリック信者の生命、財産を守る使命を負っているとしても、根拠もなくカトリックを被害者に仕立てあげ、カトリックに敵対する者すべてを批判するのであれば、バチカンの権威を損なう危険性がある。これを防ぐためにもバチカンのインテリジェンス能力が一役買っていることが、ウクライナをめぐる対応からうかがうことができる。

第5章

バチカンが誇るソフトパワー

欧州の歴史はバチカンが中心

少数精鋭の組織による迅速な意思決定、世界中に張りめぐらされた情報ネットワークがバチカン外交を際立たせている資源であることは論をまたない。だが、バチカンが大きな影響力をもつ最大の理由は、ローマ法王を頂点とするカトリックの総本山たる「法王聖座」としての側面をもつからだ。宗教的権威を保持しているからこそ、バチカンは諸国家や人々に耳を傾けさせ、行動を促す力をもちうる。

ソフトパワーが「議題を設定し、説得し、魅力を示すという吸引的な方法によって、望ましい結果を得るために、他者に影響を与える能力」(『スマート・パワー』ジョセフ・S・ナイ著、山岡洋一/藤島京子訳、日本経済新聞出版社)と定義できるのであれば、軍事力も経済力も駆使できないバチカン外交をバチカン外交たらしめているのは、ソフトパワーに他ならない。そしてバチカンがもつソフトパワーがいかに威力を発揮したかを理解するためには、やはり歴史をたどるのが正道である。

とくに欧州の歴史は、バチカンの存在を中心に展開してきたといえる。とりわけ宗教改革の時代を迎えるまではその傾向が顕著であった。５世紀に西ローマ帝国が滅亡したあと、混乱と無秩序が支配した中世欧州では、長いあいだカトリックだけが唯一の欧州共通の価値観を提供してきた。欧州各地の公式書簡や記録はすべてラテン語が用いられ、この共通語は聖職者階級が独占していた。結果として、欧州各地の国家機密は彼らの手に握られていたといってもよいであろう。

11世紀末から十字軍を派遣し、その副次的効果として当時は西欧諸国よりはるかに進んでいた東方世界のきらびやかな文明に触発され、ルネサンスの時代（14〜16世紀）を開花させ、その後、経済的にも繁栄期を迎えた西欧諸国は、カトリックの布教という大義名分を推進力としながら大航海時代（15〜17世紀）を迎えている。また、プロテスタントによる宗教改革（16世紀）も、バチカンの世俗権を否定し近代市民社会成立の契機となったフランス革命（18世紀末）も、さらには無神論を基礎とした共産主義の勃興（20世紀初期）も、すべてバチカンの存在が大きなアンチテーゼを提供している。その意味からは、欧州の重大な歴史的曲がり角には必ずバチカンが関与してきたといえるのだ。

現代の世界が、基本的にはヨーロッパ文明をバックボーンとして発展してきた事実に鑑みれば、バチカンの存在は、キリスト教という一宗教の枠をはるかに超えた影響を人類史全体におよぼしてきたといえよう。そう見てくると、現代および未来における人類全体の社会的要請に適合するかたちで再生したバチカンが、将来、再び世界史の方向性に大きな影響を与えると想像するのも、まったく非現実的とも考えられないのである。

欧州動乱の裏にバチカンあり

初代ローマ法王聖ペトロから現在のフランシスコ法王まで、宗教改革運動の時代も含め、バチカンの精神的権威と影響力の大きさは、かたちを変えながら今日まで保持されてきた。とくに欧州の歴史においては、政治、経済、思想、芸術など、社会全般にわたり隠然たる影響をおよぼしてきた。

ローマ帝国崩壊後、混沌《こんとん》とした欧州は、法の秩序も何もなく、まさに弱肉強食の世界に覆われていた。そのような状況下、キリスト教の教えが欧州共通のアイデンティティを形成する価値観を提供してきたのである。

コンスタンティヌス大帝は4世紀にローマからビザンティン（現・イスタンブール）に移り、東ローマ帝国をつくったが、ローマを離れるにあたり、ローマ法王に対して西ローマ帝国の支配者としての世俗支配権を譲り渡した。法王庁の世俗支配権は中世になってさらに強化され、バチカン自身が領土と軍隊を保持するようになる。ミケランジェロやラファエロなどルネサンスの巨人たちのパトロンともなったユリウス2世は、軍人法王とも呼ばれるべき人物であり、自ら甲冑《かっちゅう》に身を固めて軍隊を率い戦場に赴いたといわれている。ローマ法王が一種の専制封建君主となり、欧州の政治・外交舞台における主人公ともなっていったのである。

専制封建君主としてのローマ法王は永続的な存在ではなかったが、法王の神聖性は世俗権力が統治の正当性を獲得するうえで欠くべからざる存在だった。紀元800年、フランク王国は、ローマ帝国以降はじめて欧州中央に統一的な王国を築いた。フランク王国のカール大帝が、ローマにてローマ法王より皇帝の帝冠を授けられたのである。カール大帝が自らの神聖性を高らかに宣言しえたのも、バチカンの権威が裏づけとなっている。

2015年は、英国で「マグナ・カルタ」（大憲章）が調印されてから800年目にあたる年であり、英国各地において記念行事が開催された。じつはこの「マグナ・カルタ」も、ローマ法王庁の外交工作が影響しているといわれている。

話は当時のローマ法王イノケンティウス3世と、神聖ローマ帝国の皇帝オットー4世の確執が発端となっている。イノケンティウス3世は1210年、北イタリアをはじめとする法王領に侵略を繰り返していたオットー4世を破門処分にした。それにもかかわらず、オットー4世は大軍勢を率いたままイタリア半島に居座り続け、法王の権威をまったく無視した態度をとり続けていたのである。そのオットー4世は、叔父にあたるイングランド王ジョンと強い同盟関係を結んでいた。一方、ジョンは、ノルマンディをはじめとするフランス国内の領有権をめぐり、フランス王フィリップ2世と長い抗争を続けていた。

そこでイノケンティウス3世は、大陸における英国の勢いを挫《くじ》き、同時にオットー4世の勢力も削ぐことを画策し、両者の敵にあたるフランスを陰で支援した。その結果、1214年の夏、バチカンの後ろ盾を得たフィリップ2世の軍隊は、めでたく英国と神聖ローマ帝国の連合軍を打ち破り、ジョンは命からがら英国に逃げ帰った。

その英国では、イングランド各地の封建諸侯が、十字軍遠征において勇名をはせたジョンの兄、「獅子心王」リチャード1世の時代から戦費調達に苦しんでおり、王室に対する忠誠心も陰りはじめていた。

それでも兄王リチャード1世のように戦争に勝っているうちはまだよい。戦《いくさ》に強かった兄王とは違い、連戦連敗のジョンに対しては愛想が尽きたのだろう。もうこれ以上の戦費調達と増税はごめんとばかり、１２１５年に王権を制限する「マグナ・カルタ」の制定を国王ジョンに突きつけたのである。英国国王の専断と独走にストップをかけることになった「マグナ・カルタ」は、世界史においても近代民主主義発展における歴史的な一歩と目《もく》されている。こんなところにもバチカンの影響が少なからずあったというわけだ。

９００年後に請うた赦し

バチカンのもつソフトパワーを考える場合、宗教的権威にとどまらず、歴史的背景に根差した独特の時間感覚も忘れてはならない。人間は宗教的信条の如何にかかわらず、悠久の歴史のうちに、大きな権威を見出す傾向があることを考えれば、バチカンの歴史そのものがソフトパワーに他ならない。

バチカンワールドにおいては、現代人の目から見れば遠い過去の史実が、突如として最新のニュースとして登場する事例がいくらでもある。ローマ法王ヨハネ・パウロ２世（当時）が、ガリレオ・ガリレイの名誉回復を宣言したのは１９９２年のことだった。「地動説」を唱えたという嫌疑で、終身刑の有罪判決を下した約３６０年前のガリレオ裁判の過ちを認めたのである。また、同法王が、いまから900年以上も前の十字軍によるイスラム世界侵攻に対して赦《ゆる》しを請う発言をしたのは20世紀最後の年、すなわちいまから17年前の2000年だった。まったく驚くほかはない時代感覚である。

バチカンに駐在する外交団のあいだでも、歴史の話が当たり前のように現代的話題として取り上げられる。ある国の外交官は、ガリレオ裁判のとき、当時のローマ法王ウルバヌス8世は、個人的には「天動説」の誤りに気づいていたのではないかという説を熱心に語りかけてきた。バチカンが誤りを公式に認めると、カトリックの世界観に大幅な修正を加えなければならず、大混乱を引き起こすのは必至であると判断したというのだ。

それで、心ならずも「地動説」を支持するガリレオを糾弾することになったが、いずれ時がくれば、ガリレオの名誉回復が可能になると考えていたというのである。この説の真偽のほどはわからないが、当時のカトリック教会においても、ローマ法王の首席天文官クラヴィス、ナポリの神学者フォスカリーニなど、コペルニクスとガリレオの説に理解を示す者がいたのも事実である。

そしてその時がやっときたのは、約360年後だった。バチカンの信じられないような時間感覚は、過去の話だけでなく、現在の問題にも反映されている。

たとえば、アラブ諸国とイスラエルのあいだのパレスチナ問題である。これは私が中学生のころから基本的な構造は何も変わっていない。米国の歴代政権が主導して国際社会が調停の労をとってきた中東和平プロセスも、振り返ってみればほとんどなんらの進展も達成していないように見える。

私は、「それはなぜだろうか」というごく素朴な疑問を、バチカンのある聖職者にぶつけてみたことがある。それに対し彼は、「アラブ・イスラエル間の紛争は『旧約聖書』の時代にまで遡る。それほど複雑でやっかいな問題が、たかだか50年や１００年程度の時間枠で解決するとは思えない」と答え、私も唸《うな》るほかはなかった。

イスラエル・パレスチナ紛争の直近の原因は、第一次世界大戦中の大英帝国の二枚舌外交にあるとするのが歴史家の共通認識といえる。当時、英国は、枢軸国の一角を占めるオスマン・トルコ帝国の弱体化を図るため、戦後の「アラブの独立」を餌《えさ》にしてアラブ反乱軍の協力を確保したのだ。その裏ではフランスなどとのあいだで「サイクス・ピコ協定」を結び、戦後の主として英仏両国による同地域の分割統治を決めておきながらであった。一方、世界中のユダヤ人、とくに米国のユダヤ人に対しても、戦争協力を仰ぐためパレスチナにおけるユダヤ人国家建設（１９１７年のバルフォア宣言）を約束している。私も基本的にはそのように理解していた。だが、バチカンの世界においては、この問題をたかだか１００年前の出来事に限定することなく、『旧約聖書』にまで遡って論じるのである。

思えばキリスト教にかぎらず、宗教の世界における時間感覚が一般社会のそれとは隔絶している面は否めない。われわれ一般人が有する時間の感覚では、１０００年という時間がもつ意味合いは、気が遠くなるような重みを感じさせるが、無限の神の時間軸をもって人間社会の事象をとらえる宗教人の世界にあっては、１０００年も10年もそれほど違いはないのかもしれない。

ある歴史的な事実の評価についても、その判断に過ちがあったり反省すべき点があったりしたら、どんなに古い事例であっても、のちに改めさえすれば問題ないという感覚がバチカンにはある。神ならぬ人間が誤った行為をしたり判断を下したりするのは、それ自体避けられない宿命であり、将来においてもその危険はいくらでもある。重要なのは、そのつど、心から悔い改め、同じ過ちを二度と繰り返さないことなのだ。

「モーセの十戒」で知られるモーセですら、神の啓示を受けて悔い改める前は、殺人を犯したことがあるとされている。また、『旧約聖書』に出てくるイスラエルの英雄ダビデ王も、姦淫《かんいん》の罪を犯したことがある。部下の軍人の美人妻に横恋慕し、彼を死なせたあとにその妻を奪っているのだ。

そう見てくると、第３章で触れたバチカン外交の特徴の一つ、どんな相手であっても、現状がどんなに悲観的な要素しかない場合であっても、対話のチャンネルだけは保持、確保しておくという基本姿勢もなんとなく腑《ふ》に落ちるのである。この特異な時間感覚を基礎として、バチカン独自の寛容さがもたらされているようにも感じられる。

柔軟で開かれた一神教

バチカンのソフトパワーを考える際、考慮に入れなければならないのは、異教徒や無神論者との関係である。邪教を排斥する原理主義的な姿を保持していれば、その影響力も自ずとカトリックが多数を占める地域に限定されざるをえない。少なくとも現在のキリスト教、カトリックにはより大きな影響力をもたらすに足る柔軟性が見てとれる。

歴史を概観してみると、バチカンが長い歴史の荒波にもまれながらも、つねに時代の精神に適合してきたことがわかる。

バチカンは、初代ローマ法王聖ペトロの時代にキリスト教の愛の実践を通じ、精神世界の指導者として出発。その後、初期のキリスト教は、当時、欧州において普遍的な価値を有していたローマ文明の多くの要素を吸収、同化させながら拡大を続けた。中世に入ると封建的専制国家の世俗権もフルに活用した。大航海時代の欧州列強による世界進出の波に乗り、非欧州世界への浸透を実現していく。

その後、近代的市民意識の高揚と国民国家成立の時代には世俗権から離れて存続を図り、20世紀に入って共産主義やファシズムという新たな形態の専制主義が蔓延《まんえん》してきたときには下手に動かず、基本的には沈黙を守りつつ時代の波を乗り切っている。そしていま再び、伝統と権威を背景に精神世界の指導者としてのソフトパワーを発揮しつつあるのだ。

今日われわれが、ローマのみならずカトリック圏の教会を訪れると、必ずイエス・キリストや聖母マリアの像を目にすることができる。しかし、元来、ユダヤ教から派生した初期のキリスト教において、偶像崇拝は基本的には禁止されていた。

一方、古代ローマには、八百万《やおよろず》の神を崇《あが》める日本のように、30万以上の神々がいた。多神教の世界であり、ジュピターであれ、マルスであれ、ミネルヴァであれ、各自が信仰を寄せる神の偶像を自由に崇拝するのがごく当たり前の社会だった。そこで、初期のキリスト教はローマ帝国内で布教を進めるに際し、長いあいだ定着していた社会的慣習のうち、妥協できるところはどんどん妥協していったものと思われる。現在広く行なわれている偶像崇拝はその証左といえる。初期キリスト教の成功は、こうした柔軟性にあった。

卑近な例ではあるが、飲食物に関しても然《しか》りである。たとえばユダヤ教やイスラム教において豚肉は一切、口にできないが、キリスト教徒にとってはあまり問題にならない。バチカンのお膝下のローマにおいても、ポルケッタと呼ばれる子豚の丸焼き料理が食べられる。これはビールにもワインにもよくあうので、私もローマに住んでいたころにはよく食べたものである。またアルコール飲料は一切ご法度《はっと》のイスラム教に対し、ミサにおいてワインをキリストの血として位置づけ、これを宗教的な意味合いからも尊重して飲むのがキリスト教の世界である。

ちなみに、キリスト教の歴史は、欧州において普遍的な価値を有していた古代ローマ文明を下地にし、これと同化し、発展してきたものといえるが、この古代ローマの精神が、見えにくいところで濃厚に継承されてきたように思われる。

古代ローマが、時間の長さ、空間的広がりにおいて、あれだけの文明を築くことができた重要な理由の一つとして、古代ローマ人がもっていた極めて実利的かつ柔軟な精神があることはつとに指摘されるところだ。彼らはもともと多神教を信仰しており、宗教面において寛容だっただけでなく、人種的偏見も少なかったと伝えられている。どの民族でも優秀な者にはローマ市民権を与え、さらには行政の要路に登用したり、極端な場合にはローマ皇帝に上りつめたりすることも不可能ではなかった。

その意味からも、当時のローマ人はコスモポリタンだったといえる。中東生まれのキリスト教が、欧州で発展・拡大を続けたのち世界全体に広がった背景には、ローマ文明の開放性が寄与しているのではないかと私は考える。

開拓者であり侵略者でもある

バチカンが悠久の歴史を有しているとしても、これが外交を展開するうえで必ずしも良好な影響のみをおよぼしたとはかぎらない。バチカンの歴史が負の遺産を内包していることもまた事実である。

子供のころ、歴史が好きだった私にとって、15世紀前半から17世紀前半にかけての大航海時代は、特別の関心と興味をそそられるものがあった。大航海時代も過去に人類が経験したほかの時代と同様、誰が何をどのような立場から見るかによって、歴史的評価は大きく異なる。

大航海時代とはなによりもまず、それまで中国やインド、イスラム文明などに比べて周辺的な役割しか果たしてこなかった欧州の文明が、世界の主役に躍り出ていく歴史的事件が続いた時代である。いわば、それまで脇役にすぎなかったヨーロッパ文明が、これを境に人類史の中心に躍り出た分水嶺《ぶんすいれい》となった時代なのだ。

コロンブス、バスコ・ダ・ガマ、マゼランなどの冒険的航海者が相次いで活躍し、日本を含む東洋との直接貿易を目指して海外進出を果たしていったことはよく知られている。そして海外への飛躍の過程では、鉄砲などの新兵器など武力による非欧州世界の植民地化、アフリカ人奴隷貿易の隆盛、中南米におけるジェノサイド（集団殺戮）など、まさに血塗られた所業を伴った。

大航海時代にキリスト教が果たした役割についてはさまざまな解釈が可能だが、進出の対象となった非欧州世界の人々から見れば、欧州諸国による侵略や植民地政策と、キリスト教の布教活動は完全にセットになっていた。

アフリカにおけるジョークの一つに、「昔、土地を所有していたのは黒人であり、そこに白人が聖書を携えてやってきた。何年か経つと、いつのまにか土地はすべて白人のものとなり、黒人の手には聖書だけが残された」というものがある。つまり、欧州列強の征服欲が、キリスト教の布教という大義名分のもとで正当化され、それを法王庁も黙認していたというのが非欧州社会にとっての大航海時代なのである。

その意味においては、バチカンも共犯者だったという解釈も十分に成り立つ。いまだ本当の神を知らない野蛮な原住民に福音を届けるためには、たとえその過程で彼らの血を流し、その土地を奪うような結果になっても致し方なしとバチカンが黙認していたことについての批判は決して少なくない。

しかし、大航海時代を経て、あらゆる思想、また近代的科学技術が飛躍的に発展したのは、まぎれもない事実である。大がかりな世界的交易を通じて物質的な富が新たにもたらされた。カトリックは、当時のヨーロッパ人が世界に飛躍するにあたって、もっとも重要な精神的原動力を提供したといえる。

大航海時代のパイオニアとなったのはポルトガルだが、1488年のバルトロメウ・ディアスによる喜望峰発見も、1498年のバスコ・ダ・ガマによるインド洋航路開拓も、また1519年から始まったマゼラン率いる船隊の世界一周航海も、いきなり成し遂げられたわけではない。彼らは未知の大洋に乗り出す前に、まずはおっかなびっくり北アフリカの西岸地帯沿いに南下しつつ拠点や要塞をつくり、造船や航海技術の発達、遠洋貿易に必要な資金の準備などを進めたのである。

航路開拓を強力に推進したエンリケ航海王子（１３９４〜１４６０）はいまでもポルトガルの英雄だが、この小さな国（当時の人口は１００万人にも満たなかったと推測されている）は、15世紀を通じてアフリカ大陸西岸でこのような実験的航海を繰り返しつつ、徐々にアフリカ、アジア、新大陸に飛躍していったのである。

私は在モロッコ日本国大使館で勤務したこともあるが、モロッコには、カサブランカ、アル・ジャディーダ、サフィ、エッサウィーラなど、大西洋岸に沿って小さなポルトガル要塞の廃墟が点々と残されている。要塞の跡から大波で荒れ狂う海を眺めると、大航海時代を切り拓いたポルトガルの船乗りたちの勇気や冒険魂に自然と思いを馳《は》せることになる。アジアへの新航路開拓が物質的な富への期待につき動かされたものだったとはいえ、よくも当時の帆船や航海技術だけで命をかけ、このような荒海に乗り出していったものであると深く感じ入ったものだ。そこには単なる現世的、物質的な欲望だけではなく、神の福音を世界に広めるという使命感や、神の加護を信じるという宗教的信念があったのではないだろうか。

ヨーロッパ人による大航海時代の幕開けを考えるとき、いつも思い出されるのは中国・明代の鄭和《ていわ》によるインド洋、東アフリカへの大遠征航海である。１４０５年から１４３３年にかけ計７回行なわれたもので、１４９２年に行なわれたコロンブスの航海に先立つこと約１世紀近くも前の出来事である。15世紀初頭の中国人は、船舶建造、航海術、海図作成などで、世界でもっとも優れた技術を有していたと見られている。大船隊を組織、派遣する経済力も突出していた。大航海時代の主役になるのはヨーロッパ人ではなく、中国人であったはずなのだ。

それではなぜ、本格的な大航海時代の幕開けは、中国人がアフリカ大陸最南端の喜望峰を東から越えて大西洋に入るというコースをとらず、逆のコース、つまりポルトガル人のディアスが１４８８年に喜望峰を西から越えるコースをたどったのだろうか。

当時、世界の中心たる「中華」を自負していた中国は、遠洋航海による富の獲得という現実的な欲望をほとんど有していなかったことが、まずあげられよう。鄭和の航海は、中国の威信を周辺の異民族に認めさせる政治的な動機が一番であった。冊封《さくほう》体制という中国への臣従関係の強化、促進こそが目的だったのだ。これに加え、私が想像するのは宗教的動機の欠如である。よく知られているようにヨーロッパ人の冒険航海には、富や新知識の獲得という動機以外に布教という要素が色濃くあった。

21世紀を生きるわれわれには理解するのが難しいが、神と人間との距離がいまよりずっと近かった15世紀を生きたヨーロッパ人は、キリスト教徒として「世俗的欲望」と「宗教的信念」をうまく調和させ、このような大冒険に乗り出していったのではないだろうか。

ここでいう「宗教」とは、同じキリスト教といっても、プロテスタントでもギリシャ正教でもなくカトリックだった。大航海時代を精神面で支えた宗教がカトリックに他ならない。

背景には、イエズス会の創設と海外布教活動の活性化がある。マルティン・ルター（1483〜1546）が火をつけた宗教改革のため、当時の欧州においてバチカンは劣勢に立たされていた。カトリックが失地回復のため「反宗教改革」運動に乗り出し、自らの浄化を進めるとともにその活路を海外宣教の強化に見出していったという歴史である。

なお私は、南半球にあるマダガスカルの大使館勤務も経験したが、当時住んでいた家のテラスから真夜中に空を見上げると、いつも南十字星が天空に張りついたかのように大きく目に入ってくるのだった。それまで南十字星を見たことがなかった私は、うかつにも南十字星は一つの星であり、その発する光が十字のように輝いて見えるものとばかり思っていた。しかしそうではなく、4つの異なる星がまるで大空に十字架をかけたような位置関係で見えるのである。

それは正しく天空にかかった大きな十字架であり、これを目にした大航海時代のヨーロッパ人は神の加護を感じながら万里の波濤《はとう》を越え、危険な航海を続けたに違いない。

「共産主義とキリスト教は同じ」

大航海時代一つをとってみても、キリスト教徒と異教徒とではまったく異なる側面が記憶にとどめられていることは、これまで見てきたとおりである。ゆえにこそバチカンが取り組む宗教間対話は、認識のギャップを埋めるうえでも、あるいは認識が異なるなかで共存を図るうえでも重要な意味をもつ。

フランシスコ法王は、いかなる宗教を信じる者でも、基底のところでは神の被造物たる人間としての共通項があるという信念を発信し続けている。宗教対話の促進は先々代のローマ法王ヨハネ・パウロ2世の功績に負うところが大であるといわれているが、フランシスコも就任以来、イスラム教、ユダヤ教、ヒンドゥー教、仏教など、世界中の宗教関係者との対話に力を入れている。真摯な宗教対話の結果、将来、同じ宗教的信念を分かち合うまでには至らなくとも、お互いの宗教に対する理解と尊敬は十分可能であり、それがひいては宗教間の平和的共存につながるというわけだ。

この姿勢はある意味で、一神教たるキリスト教にとっては極めて斬新な態度なのかもしれない。ちなみに、ユダヤ教でもっとも権威があるといわれる、ある高名な律法学者が最近、バチカンの長い歴史に照らしても、フランシスコほどユダヤ教を深く理解している法王はいなかったと絶賛している。

私は、ローマの北の玄関口にあたるポポロ広場のすぐ近くに住んでいた。その広場は、南の玄関口であるアッピア街道と並び、ローマを北の地方につなぐ街道として古代ローマ時代から使われてきたフラミニア街道の起点にあたる。ジュリアス・シーザーもここから北のガリア地方やブリテン島、すなわち現在のフランスや英国の征服に向かっている。文豪ゲーテ（１７４９～１８３２）も、ここではじめて「永遠の都」の空気に触れており、第６章で紹介するペトロ岐部《きべ》も、またローマを目にした最初の日本人といわれる天正遣欧少年使節の一行も１５８５年にこのポポロ広場を通ってローマに入った。

私は、誰もいない早朝や深夜に一人ここに佇《たたず》み、時間が経つのも忘れて、さまざまなことに思いを馳せるのが好きだった。

ある夏の暁時《あけとき》に、3人の青年がポポロ広場の中心にあるオベリスクの下に座り込んで熱心に議論しているのが目に入った。よく注意して見ると、そのうちの一人はカトリックの神学生で、もう一人はその頭にキッパー（ユダヤ教の民族衣装）をかぶったユダヤ教の若者、残る一人は顔つきなどからしてアラブ系のイスラム教徒であるように思われた。オベリスクは紀元前2000年のものといわれ、紀元1世紀に初代ローマ皇帝アウグストゥスがエジプト征服の記念品としてローマに持ち込んだものだ。その歴史的遺物の下で交わされた話の内容は聞けなかったが、若い彼らのあいだで熱心な宗教対話が繰り広げられている感じがして強い印象を受けたことをよく覚えている。

われわれ日本人は、宗教とはそもそもロジックや実証的な議論にはなじまないものと考えがちだ。

しかし、バチカンはそのような宗教観とは異なり、宗教とはロジカルなものと捉えているようだ。フランシスコ法王が自ら率先して実現しようとしている宗教対話にも、何か奥深い知恵が隠されているような気がしてならない。

フランシスコ法王は、２０１６年10月31日、マルティン・ルターによる宗教改革（１５１７年）５００周年にちなむ行事で、プロテスタントの国スウェーデンを訪問している。ルターといえば「聖書のどこを見てもローマ法王の記述はない」として、バチカンの存在そのものを否定した宗教者である。カトリックとプロテスタントの分裂は長い歴史があるが、フランシスコ法王にとっては同じキリスト教であり、分裂よりも一致の要素のほうがはるかに多いとの固い信念があると考えているのではないか。

柔軟な対話を重んじるバチカンの姿勢は、なにも宗教間だけに限った話ではない。あるバチカン関係者との対話でいまでも耳に残る言葉がある。

「本当の共産主義というのはキリスト教と同じです」

一瞬、耳を疑ったが、相手は学識経験も豊富な尊敬すべき人物である。キリスト教も共産主義も人類の平等を目指すという意味では大きな違いはないという意味のようだが、開かれた信念に根ざしているバチカンの力を思い知った気がした。外交関係は断絶しているとはいえ、中国や北朝鮮とも粘り強くつきあうことができるのは、こうした柔軟性が背景にあるといえそうだ。

過激イスラム教徒の宗教的狂気

東西冷戦構造が崩壊してから早くも4半世紀が経つ。冷戦時代の本質は、米ソ両国による「相互確証破壊」であった。双方が大量の核を保有することで、一方が核兵器を使用すれば他方が反撃し、双方とも耐えがたい犠牲を払うことを「保証」し、これによって戦争を抑止する。相互確証破壊（Mutual Assured Destruction）の頭文字をとってMADと呼ばれたように、恐怖の均衡により人類の平和と安全が保たれていた、文字どおり狂った時代だった。

人類がはじめて原子爆弾を手にしたのは、70年以上も前の1945年7月のことである。その後も途絶えることなく核兵器の開発は進められており、いまなお人類はその恐怖から解放されるには至っていない。逆に、科学技術の目覚ましい発展に目を奪われるあまり、その危険に対する感覚が退化、麻痺《まひ》しているのではないか。事実、2015年4月27日～5月22日にニューヨークの国連本部で5年ぶりに開催された核兵器不拡散条約（NPT）運用検討会議は、交渉が約1カ月続いたにもかかわらず、議論の成果をまとめる最終文書すら採択できないまま終了した。

いまだに世界の核兵器の約9割を保有するといわれる米国とロシアが、ウクライナ問題をめぐる対立で冷戦時代に逆戻りしそうな様相を呈し、中国は核戦力の増強と近代化を進めている。他方では核拡散に歯止めがかからず、ＩＳのような過激組織が核兵器を手にする事態が懸念されるのが現代の実情だ。２０１６年3月のベルギー連続テロ実行犯は原子力発電所への襲撃も計画していたとされている。その意味では、われわれはＭＡＤの時代以上の恐怖時代を生きている可能性すらある。

先端科学技術の開発は専門化、細分化が進み、研究自体が自己目的化して総合的に判断する「人間の知恵」が追いつけなくなっているのかもしれない。米国における原子爆弾の開発で「マンハッタン計画」を指揮したオッペンハイマー博士は自伝で、第二次世界大戦中の熾烈な核兵器開発競争を背景に、どの国よりも米国が最初に核兵器の開発に成功することこそが正義であると信じていたと記している。彼は科学者として、その一点にのみ全エネルギーを集中したのだ。しかし、その研究成果が実際に広島、長崎で使用されたのち、はじめて自分がなした行為の真の意味に戦慄《せんりつ》を覚えたのである。それからは核兵器の国際管理と廃絶運動の道に入っていったと証言している。

現代は、科学技術が驚異的な速度で進歩する一方、本来それを適切にコントロールしていくべき人間の本当の知恵が置き去りにされ、頭でっかちのモンスターが急速に育ちつつある時代なのかもしれない。２０１６年5月、現職の米国大統領としてはじめて広島を訪れたオバマも、科学の進歩に見合うだけ人間社会に進歩がなければ破滅が訪れるとして警鐘を鳴らしている。

核兵器とバチカンの関係を考えるうえで、自動車が良い例となる。エンジンだけではだめで、ブレーキの機能が備わってはじめて人間に奉仕するものとなる。バチカンこそが、そのような必要不可欠なブレーキの役を担える人間の知恵を提供してくれると考えるのは短絡にすぎるかもしれない。しかし、一人ひとりの人間の心のなかに潜む闇や、あらゆる矛盾について、２０００年ものあいだ考えに考え抜いてきたのがバチカンだ。人間という不可解な生き物に対する理解の深度では傾聴に値する知恵を有しているのではないだろうか。

ある聖職者とのあいだで、現在、中東地域を中心に猛威を振るいつつあるＩＳのジハーディスト（聖戦主義者）について意見を交換したことがある。

欧米のメディアでは、イスラム過激派の自爆テロ行為や、その実行者を日本の太平洋戦争中の神風特攻隊と同一視する向きがある。フランスのテレビなどでこれら自爆テロを報道する際、恐怖と嫌悪を込めて「カミカーズ」と表現しているくらいだ。たしかに双方とも、自らの死を前提とした自爆行為という点では同じである。しかし、日本の神風の場合は無差別殺戮などでは決してなく、戦時下における戦闘行為という位置づけだった。

人命軽視という点からは同列に論じることが可能だが、欧州で両者が単純にひとくくりにされることが、日本人としては残念かつ不愉快で、機会があるたびに違いを説明すべく努めたものだ。そのときの聖職者に対してもこのような意見を述べたが、「自殺は神に対する最大の裏切りである」とするカトリック教徒の彼に、私の真意がどこまで通じたかあまり定かではない。

会話はそのうちＩＳの側に立って戦う欧州出身の青少年の話に移っていった。

欧州諸国にとって、いまもっとも懸念される喫緊の課題は、中東でテロ行為を含む戦闘技術を身につけた青少年が欧州に舞い戻り、英仏など欧州各地で狂信的なテロ行為を実行するという脅威である。欧州諸国は国境管理の強化をはじめとするさまざまな対抗措置をとっているが、物理的な強制力に頼る対症療法では限界があるようで、すでにその恐怖は現実のものとなっている。

２０１６年３月22日にベルギーの首都ブリュッセルで発生した連続自爆テロでは日本人男性２名が重軽傷を負い、欧州に拠点を置く日本企業の事業展開にも大きな影響が出た。テロ実行犯のほとんどは、国籍が欧州各国であってもいわゆるイスラム系移民の子孫であり、多民族、多文化社会を標榜する西欧諸国における社会政策の歪みの現れと考えられる。しかし、テロのネットワークを支えるシンパのなかには、欧州系の青少年も少なからずいる模様だ。自爆テロ問題の複雑さに改めて瞠目《どうもく》させられるが、その聖職者は13世紀の欧州で自然発生した少年十字軍の話をしはじめた。

少年十字軍は、フランスやドイツの青少年からなる組織性に欠ける運動であり、ほかの累次にわたる十字軍運動とは異なる。当時の法王庁が奨励したものではなく、ごく自然なかたちで、いわば集団ヒステリー的に発生している。その最大の動機として考えられているのは、いつの時代にも見られる若者特有の社会に対する不満だった。それに加え、思春期特有の情熱や冒険精神、またその裏返しでもある無分別などが理由になっていた。なんの具体的な戦略ももたず、組織化されないまま、ただ熱情だけで行動を起こした少年十字軍の末路は悲惨を極めたという。その少年十字軍の心理と、現在の欧州出身の過激イスラミストのあいだには類似性があるというのが、この聖職者の見解だった。

これは彼一人の見方ではなく、バチカン内部のスタッフも同種の研究、考察に当たっているという。ＩＳの狂信的若者に対しては、核抑止力も、また近代科学の粋を集めたミサイルによる攻撃も功も奏さず、根本的な解決策が見つからないのが現状だ。時間はかかっても、バチカンのようなアプローチをとり、これら若者たちの心理を理解する必要があるのではないか。そのような作業において、長い歴史を通じて人間理解を深めてきたバチカンと、そこに蓄積されてきた貴重な経験や知見が重要な役割を果たすに違いない。

２０００年の秘宝が眠るバチカン

ここまでバチカンのもつソフトパワーを、その宗教的、歴史的側面に光を当てて検討してきた。だが、多くの日本人、とりわけ非キリスト教徒や無神論者の日本人にとって、宗教的権威を基盤としたバチカンのソフトパワーを理解することは難しいかもしれない。他ならぬ私もその一人だ。

しかし、バチカンには、悠久の歴史を経て蓄積された、古代からの文献、書籍や絵画・彫刻など、眠り続けている膨大な秘宝がある。あまりに膨大すぎて、全体像を把握している者はバチカン内にすら一人もいないが、バチカンが有する美の蓄積も、非キリスト教徒を含む多くの人を引きつけるソフトパワーに他ならない。この分野に詳しくなかった私ではあっても、秘宝の数々に接し、圧倒される思いを抱いたことが少なからずあった。ここでは個人的な体験の一部を紹介し、文化・芸術面も含めたバチカンの魅力と奥深さを感じとっていただければと考える。

欧州における伝統ある大学は、すべてがカトリックの修道僧や聖職者たちの支援を受けて設立されている。欧州最古の歴史を誇る、イタリアのボローニャ大学（創立11世紀末）、フランスのソルボンヌ大学（同13世紀）、現在でもその国際的な権威にいささかの衰えも見せない英国のオックスフォード大学（同13世紀）などは、カトリックにより創設された大学だ。したがって、これらの大学の教科内容も神学や教会法が中心となって発展してきたものである。

また欧州各地にある修道院は、日本の江戸時代における寺子屋よろしく、各地方において中心的な教育機関の役割を担ってきた。そして修道院には、その地方の社会状況にかかわる歴史的な文献が蓄積され、立派な古典文献アーカイブとして今日に至っている。

それらすべての総元締《もとじ》めであるバチカンには、そのような貴重な文献が次々に送り届け

広大な敷地に広がる豪華なバチカン図書館内部。

られ、未整理のまま法王庁の敷地内にあるバチカン図書館の広大な地下書庫に蓄積されている。

ほぼ2000年にわたってそのようなことが行なわれていれば、全体像を把握できるのはそれこそ神様一人であるというのも頷ける。なにしろバチカン図書館には、印刷された書籍だけで約160万点、古代からのコインやメダルが約50万点、日本の浮世絵なども含めた絵画などの美術品が約15万点以上も眠っているのである。

ある日私は、懇意にしていたバチカン図書館長と東洋関連図書責任者に案内され、図書館を見学するという幸運に恵まれた。まず驚かされたのは、メインの図書室の壁面に飾られた絵画と、天井までくまなく描かれたフレスコ画のすばらしさだった。サン・ピエトロ大聖堂の建設過程を示す異なる時代ごとの絵画が多かったが、まさに豪華壮麗としか形容しようがない。一瞬、そこが図書館ではなく美術館であると錯覚したほどだった。

読者のみなさんのなかには、バチカン博物館内にある「地図の間」を、溢れる観光客にもまれながら、のろのろと一緒に流されていった経験をもつ方もおられるだろう。もちろんあの回廊ほど長いものではないが、壁面にかけられているのは古地図ではなく、時代背景の異なる風景画やフレスコ画である。全体の印象は小ぶりながら、「地図の間」に勝るとも劣らない、豪華な印象を与える部屋であった。

またそこには、1585年、日本人としてはじめてローマを訪問した天正遣欧少年使節の一行が描かれている絵も掛けられていた。これまでその絵のコピーは見たことはあったがオリジナルを目にするのははじめてだった私は、興奮しながらその絵の細部までゆっくりと時間をかけて眺め入った。私があまりに長いあいだ、顔を上げたまま壁や天井の絵画、装飾を見つめていたせいだろう。図書館長は私の注意をもっと下のほうにも向かせようとしたのか、その部屋に展示されている欧州各地の王族や有力貴族からローマ法王に届けられた陶器や彫刻品などの寄贈品を、その由来とともに説明してくれた。そして、そこが美術館ではなく図書館であることを示したかったのか、続いて中世から続く貴重な書庫に案内してくれたのである。

背表紙のない当時の書籍は、いまのように縦に整理されて本棚に入れられたのではなく、読みたい本が少しでも取りやすくなるよう横に雑然と積み重ねられていったとか、そのためスペースの割にはあまり多くの書物は収容できず、残りは未整理のまま地下倉庫にどんどん投げ込まれていったとか、興味深い説明をしてくれた。

文豪ゲーテがローマ滞在中にこの図書館をはじめて訪れたときのエピソードを知ったのも、図書館長との会話からだった。ゲーテは熱心さのあまりか、破損しやすい貴重な古文献を無造作に手に取ったり、勝手にあちこち歩きまわったりして、そのとき案内に当たっていた当時の図書館長を困惑させたという。「言い伝えによると、それがこの書庫です」と、まるで昨日のことだったかのごとく説明してくれるのである。そのおかげか、ラテン語の教養もあり当時の欧州で超一流の知識人だったゲーテが、宝の山を発見した子供のように、興奮に目を輝かせながら見学していた様子が感じられたものである。

グロテスクの魅力

バチカン外務局のオフィスはサン・ピエトロ大聖堂の後ろ側にある。残念ながら一般の観光客は入ることができず、出入り口の警備も厳重だが、一歩中に入ると、要所要所にスイス衛兵がいるだけで、のんびりした平和な空気が流れている。

そこは執務用のオフィスというよりも、豪華絢爛たる美術館といったほうが相応《ふさわ》しいくらいの芸術品で溢れている。とくに、回廊の壁面から天井にかけて描かれたフレスコ画の装飾は息をのむほどに美しく、いくら観ていても飽きがこないほどであった。私はそれ以来、仕事でバチカン外務局に赴くときは、必ずアポの予定時間より早めに着き、待ち時間を利用して一人でじっくりと美術品を鑑賞するようになっていた。最初のころは、受付に向かわず美術鑑賞していたため、スイス衛兵が近づいてきて、「どこをお探しでしょうか」と不審な表情で声をかけられたこともあった。

そんなある日、約束の時刻より30分近くも前に着いた私は、ある外交団専用の待合室に偶然、導かれることになった。そこは外交団のための待合室だが、ふだんは使用されず、訪問団が大人数だったり、来訪者が重なってほかに適当な待合室がなかったりしたときに使用される部屋だ。

その部屋の壁や天井には極めて特異なフレスコ装飾が施されている。私は椅子から立ち上がったまま熱心に鑑賞を始めてしまい、先方が時間どおりに姿を現わしてからも、すぐにはそれをやめられなかった。

私の異常な関心ぶりに気づいた親切な外交官は、本題に入る前に、その部屋を特徴づけているフレスコ画の由来を簡単に説明してくれた。それらのフレスコ装飾は、２０００年も前の紀元1世紀中葉に、ローマ皇帝ネロによって建てられた黄金宮殿内の同皇帝の寝室を飾っていたものを、16世紀初頭のルネサンス期の画家たちが、そっくりそのままコピーしたという話だった。一部にはネロ時代のオリジナルまであるという。

「いまあなたが目にしている絵は、２０００年前に皇帝ネロが見ていたものと同じですよ」

親切な外交官は、微笑をたたえながら語りかけてくれた。

そのときはじめて、これらのフレスコ画がグロテスク風と呼ばれるものだということを知った。グロテスクという言葉は、われわれも日常的に使っている。国語辞典を引くと、

「異様で不快感を覚えるほどの不気味なさま」と出ている。私も不気味なものはもちろん嫌いで、そんなものに出合うと眉をひそめたり目をそらせたりする。しかしバチカンで、この言葉の由来となった本来のグロテスク風芸術に触れてからは、その魅力の虜《とりこ》になっている。

グロテスク(grotesque)の語源は、〝洞窟〟を意味するグロット(grotto)であるが、話は16世紀初頭、レオナルド・ダ・ヴィンチやミケランジェロ、ラファエロなどルネサンス期の天才芸術家たちが活躍していた時代に遡る。当時、コロッセオにほど近いオッピアの丘で土木作業をしていた作業員たちが、ある日、偶然一つの地下道を発見した。そこを下りていくと、いままで見たこともない幻想的な装飾や文様で彩られた奇妙な洞窟に迷い込んだという。その半分崩れかかった洞窟の壁や天井には、ギリシャ神話の半神半獣ケンタウロスに似た、いやそれ以上に多種多様で不思議なフレスコ画が描かれていた。その場所はもともと悪帝ネロによって建てられた黄金宮殿の跡地だった。それが長い歳月を経て、完全に地下に埋もれていたのである。

現在、ローマにある古代遺跡の大部分は長いあいだの土砂の堆積により地下に潜ってしまい、いまの地面よりずっと下のところにある。ネロの黄金宮殿も例外ではなかった。い

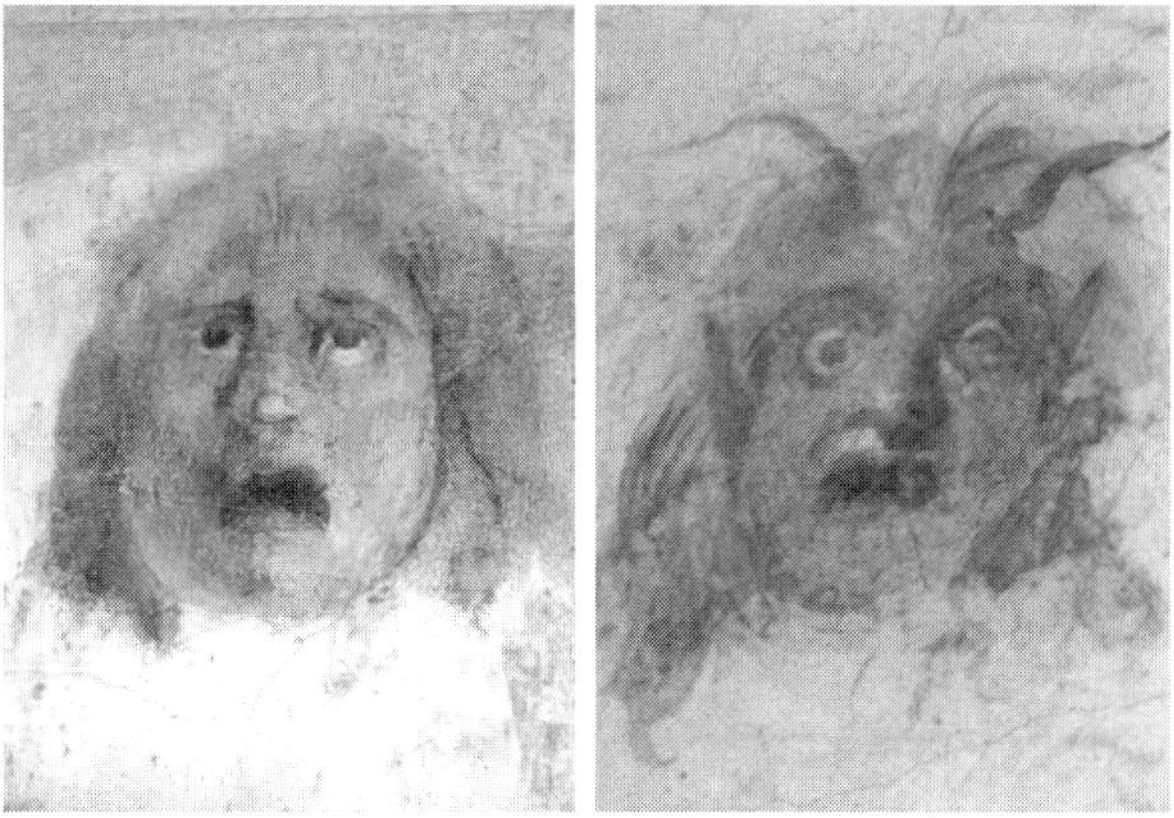

グロテスクの語源となったフレスコ画の一部。

や、ネロの場合、例外どころか、生前の悪逆ぶりがローマ市民から増悪され、徹底的に破壊、埋没の対象とされたのが真相かもしれない。16世紀にこれを偶然発見したルネサンス期の人たちにとって、ネロの寝室が洞窟に見えたのも不思議ではないのである。

当時はまだ考古学という学問は生まれておらず、ローマ中のあちこちにある古代遺跡も、もっぱら金銀製品や指輪、首飾り、宝石など金目の宝物めあてで無秩序に掘り返されていたという。黄金宮殿跡も盗賊の住み処になるなどして、荒れ放題だった。しかし時代が幸いしたのだろう。当時のローマはルネサンスの文芸復興運動が開花しつつあり、それまでのキリスト教色一辺倒の芸術観から解放され、古代ギリシャやローマ時代の人間味溢れる自由奔放な芸術に改めて新鮮な価値が見出されていた時代なのである。

　発見された黄金宮殿内のフレスコ画も、一昔前なら無価値なものとして打ち捨てられるか、悪くすれば反キリスト教的であるとして、こぼたれる運命にあったかもしれない。しかし、ルネサンス期の芸術家たちの眼には、洞窟ならぬネロの寝室で見たフレスコ画が魅力に満ち溢れた芸術作品として映ったのである。その尋常一様なものではない魅力にとり憑《つ》かれたルネサンス期の芸術家は、このスタイルをグロテスク（洞窟風）と名づけ、その後、競って彼ら自身の作品のなかにそのスタイルを取り入れた。ラファエロも影響を受けた一人であり、グロテスク戯画の不思議な文様から得た着想をヒントにして、彼の作品に積極的に反映させていったといわれている。前述のグロテスク風外交団用待合室もラファエロが指導、監督してつくられたと伝えられている。

　これらのフレスコ画があまりに異様であるからでもあろう、グロテスク風という表現は、そのうちわれわれが現在使っているところの悪い意味での〝グロテスク〟という言葉に変容していったのである。

　じつは、私がこの文様、装飾スタイルの不思議な魅力にはじめて魅入られたのは、ローマ中央テルミニ駅のすぐ脇にあるマッシモ宮（ローマ国立博物館）でのことだった。人間の体の上半身や顔に牛、馬、山羊などの手足や鳥類の羽などを合体させ、奇想天外な怪物どもで溢れたフレスコ画はいつまで観ても飽きがこない。しかし法王庁内の外交団用待合室のフレスコ画は、私がそれまで目にしてきたものとは微妙に異なる印象を与えた。人間の幻想する力を自由に駆使した、奇想天外なおもしろさという点では同じだが、その部屋のフレスコ画に描かれている想像上の生き物の顔は、その多くが、ある種の残酷趣味や暗い想念、歪んだ美意識とでも形容できそうな何事かを感得させるものだったのである。

悪帝ネロは、自らの歪んだ美意識を満足させるためにローマを焼き払い、その罪をキリスト教徒に負わせたうえで、見せしめとして彼らをライオンなど猛獣の餌食《えじき》にさせるなど、酸鼻極まる残酷な方法でキリスト教徒を迫害したといわれている。その悪名高き皇帝は、いまでもローマの各地にオカルトめいた恐怖の伝説を残しているが、私はこの部屋のフレスコ画を通じ、ネロの精神の一端を垣間見たような気がしたものである。

あるとき、そんな感想をバチカンの聖職者に語り、ついでに、キリスト教徒迫害で悪名高いネロの寝室を飾ったフレスコ画を、法王庁のど真ん中で見るとは思わなかった、と伝えた。

「カトリックはもともと芸術一般に対しては寛容なのです。絵画でも彫刻でも芸術品は芸術品として楽しめばいいと思いますよ。それらの作品を通じて人間理解を深めたり、複雑な人間心理に思いを馳せたりするのも悪くはないではないですか」

聖職者の返答に、改めてバチカンの懐の深さに感じ入ったものだった。

三島由紀夫のエロティシズム

世界中にある数多《あまた》の美術館、博物館のうち、バチカン博物館ほど高名な博物館は少ない。バチカン博物館関連でいえば、その目玉は、見学の最後のコースに組み込まれているシスティーナ礼拝堂の天井と壁面に描かれたミケランジェロの傑作、「天地創造」と「最後の審判」であろう。しかしこの博物館には、それ以外にいくらでも人類の宝ともいえる芸術作品が数多くある。

一年を通して、いつ行っても世界中から集まる観光客で混み合い、決して安くはない入場券を手に入れるだけでも早朝から長い列ができ、入口にたどりつくまで何時間も待たされるのがこの博物館ではあるが、個人的にはロンドンの大英博物館やパリのルーブル博物館以上に気に入っている。

カトリックの有名な聖人の一人に聖セバスティアヌスがいる。この聖人は、紀元3世紀のディオクレティアヌス帝時代、皇帝の親衛隊長まで務めたエリート軍人だった。

キリスト教がまだ地下にもぐって密かに信仰されていた時代だ。ある日、キリスト教徒であることが発覚し、棄教を迫られたが最後まで拒んだため、柱に体を縛りつけられたまま矢で射殺されたという。彼は、矢でハリネズミのようになった姿で刑場にそのまま放っておかれたが、そのときは絶命せず、その後改めて処刑されている。

若い美貌のエリート軍人であり、かつ殺され方が異様なところから、半裸で柱に縛りつけられ矢で射られた姿をモチーフに絵画や彫刻が数多く残されている。また、文学でも描かれることが非常に多い聖人として知られている。これらの絵や彫刻は、イタリア中の教会で眼にすることができるが、バチカン博物館内の絵画館にも何点か展示されている。

この絵画館で聖セバスティアヌスが描かれた絵に魅せられ、なかなかその場を離れなかったという逸話が残っているのが、三島由紀夫だ。三島文学のメインモチーフは〝美、エロティシズム、死〟とされている。聖セバスティアヌスの絵画は、輝くようなブロンドの髪をもつ若い半裸の美貌の聖人が矢を射込まれ、血を流したままの姿で描かれており、観る者によってはエロティックな印象を与えるらしい。その後、三島由紀夫は小説『仮面の告白』のなかで、主人公が父親の秘蔵するこの殉教図を目にして性的な興奮をもよおし、はじめての自慰を経験するところを微妙な表現で描いている。

聖セバスティアヌスはもともと軍人であり、矢で射られても絶命しなかったという伝説から、軍人や警察関係者のあいだで信仰が寄せられてきた。また中世に猛威を振るったペストからも信者を守ったとされているため、医療関係者のあいだでも守護聖人としての人気が高い。さらに最近では、同性愛の人たちのあいだでも人気が高まりつつあるといわれている。

聖セバスティアヌス以外にも、絵画館には、じっくり鑑賞すれば大変興味深い宗教画が時代別に展示されている。宗教画というと平面的で、どれを見ても同じように感じられがちだ。私も欧州の美術館を訪ねた際は、いつも素通りしてしまうようなところだった。

しかし、時代別に観ていくと、いろいろなことがわかってくる。ルネサンス絵画や印象画、さらにはシュールレアリスムの作品などをより理解、鑑賞するためにも宗教画は欠かせない。どこの美術館でも同じであるが、有名な作品が展示されているスペースがいつも混雑しているのに比べ、宗教画のスペースはたいてい閑散としており、その気になればじっくりと鑑賞することが可能である。ぜひ、キリスト教の歴史を知ってそれらを鑑賞されることをおすすめしたい。

絵画館には、背景を黄金色で塗られた聖人画が何点も展示されている。聖母マリアと赤ん坊のイエス・キリストを描いた聖母子像や聖ペトロをはじめとする諸聖人を描いた絵だ。約５００年前に描かれたものが多い。

背景を黄金色で描いた欧州の絵画は、ポルトガルの南蛮画のように、日本の安土桃山時代の黄金装飾画が影響を与えた結果ではないかと思うかもしれないが、これは逆で、欧州の宗教絵画は、安土桃山時代よりも前に描かれている。カトリックの世界においては、他の金属とは違い、いつまでも腐食することのない黄金に永遠性を見出し、好んで黄金色を用いて聖人画を描くことがかなり以前から一般化していた。有限な人間の命やこの世ではなく、神の世界の永遠性を表現するには、いつまでたってもあせることのない黄金の輝きがもっとも相応しいと考えたのだろう。いまのように照明が明るくない室内では、日本の仏像のように、光輝く神々しい黄金色は効果的だったのではないだろうか。

バチカン博物館内には、見学者がどこの国の人だろうと、その個々人の見る目によって、新鮮なインスピレーションを与えてくれる傑作がいくらでもある。ミケランジェロやラファエロ、レオナルド・ダ・ヴィンチのようなルネサンス期の巨人たちによる有名な作品だけでなく、無名な作品も含めて、その効果は絵画や彫刻などの造形美術の世界に限定されることなく、文学、詩、哲学などの分野においても同様に発揮されてきた。ゲーテ、バイロン、スタンダールなど数多くの文学の巨人たちがここでインスピレーションやヒントを得て、彼ら自身の作品に反映させていったといわれている。

思えば、明治の時代から今日に至るまで、日本は近代化の過程でヨーロッパ文明を必死になって取り込んできた。欧州における留学先は圧倒的にドイツ、英国、フランスの3カ国であり、イタリアはそれほど人気のある国ではなかった。19世紀という時代は、欧州列強が軍事力、経済・産業力を背景として覇《は》を競う文字どおりの弱肉強食の時代でもあった。明治維新を経て、にわかに近代国民国家を成立させた日本は、いきなりそのまっただなかに放り込まれたわけである。まずはなによりも富国強兵、殖産興業に邁進《まいしん》しなければならず、おのずから軍事、産業技術、法律、医学などの実学分野を優先させなければならなかった事情もよくわかる。

しかし現在の日本は、それらの多くの分野においてすでに追いつき、分野によっては追い越したのも事実であろう。これからは精神文化の方面においてもさらなる充実を図るべく、文化芸術大国であるイタリア、なかんずくバチカンに、もっと積極的な目を向けてもよいのではないかと考えるがいかがだろうか。

待たされる法王

法王庁の内部、つまり一般公開されていない歴史的建造物の一部に「王の間」と呼ばれる、豪華で贅沢な空間がある。この部屋は法王選挙も行なわれるシスティーナ礼拝堂に隣接しており、15世紀末に完成された。もともとはローマ法王に謁見する外国君主や各国王族の控えの間として使用されていたもので、天井の装飾の豪華さと周囲の壁画が息をのむほどにすばらしい。

ここで特筆すべきなのは、「神の代理人」として比類なき精神的権威をもつローマ法王が、軍事力を有する世俗の王族や封建領主よりも上位にあることを示す数多くの壁画が、意図的にその四面を飾っていることである。１０７７年、当時の神聖ローマ帝国皇帝ハインリヒ4世が、ローマ法王グレゴリウス7世に破門の解除を願い、カノッサの城門の前で雪の降るなかを裸足のまま3日間も赦しを請い、皇帝権に対する教皇権の上位を認めたとされる、カノッサの屈辱は有名である。その絵をはじめ、歴代のローマ法王が各国君主を破門し、それらの世俗の権力者たちが法王の赦しを請うべく、その膝下に伏している絵画が側壁に掲げられている。

当時、ローマ法王の謁見時間を待ちつつ、欧州各国の王侯貴族たちがどのような感慨をもってこれらの絵に眺め入ったことか、と想像するのもまた楽しいものだ。この部屋は現在、使われておらず、フランシスコ法王に謁見する世界各国の大統領や首相たちが「王の間」で待たされるということもいまやない。

逆にいまでは、法王のほうが待たされるようなことも起こる。２０１４年に行なわれた英国のエリザベス女王との会見でも、また２０１３年、プーチン大統領と会談した際にも待たされたのは法王のほうであり、いまや昔日《せきじつ》の感が否めない。

エリザベス女王の場合はイタリア大統領との会見が予定より長引いたため、プーチン大統領の場合は悪天候のせいで大統領専用機のローマ到着が遅れたためとされているが、このようなハプニングが起こるとき、待たせた側が英国の女王であれ、ロシアの大統領であれ、さらには待たされた法王までも、案外ケロッとしている。気をもんでストレスをためるのはもっぱら下の者たちと相場が決まっているのだ。

私も在外大使館員としての経験から、そのあたりの事情はよく知っているが、当時、懇意にしていた英国大使館の次席館員と酒を酌み交わした際、エリザベス女王のバチカン到着が予定より遅れたときの苦労話を打ち明けられた。心から同情したものである。

どの国でも同じだが、本国のＶＩＰが任国を訪問する際の現地大使館の役割は、会談内容などのサブスタンス面より、むしろ会議時間の細かい設定や行事日程などを含めたロジスティック面が中心となる。そしてこのときのように、女王が法王を待たせてしまうことになると理由の如何を問わず、「現地大使館は何をしていたのだ。そもそも時間設定が間違っていたのではないか」ということになるのだ。

しかし、このときは相手が時間感覚のおおらかな（ルーズな）イタリア人であったのがどうやら主たる原因だったらしい。女王には、イタリア大統領との会談後、場所をバチカンに移して法王との会談がセットされていた。その予定をわかっていながら、イタリア政府は時間どおりに会談を終わらせず、時間がおしてしまったようだ。一方、時間厳守という点に関しては、われわれ日本人ほどではないにせよ、英国人もかなり厳格なところがある。

英国大使館公使の話では、女王と法王の会見準備のため双方で細かい事前打ち合わせが行なわれたが、警備体制も含めたロジスティック全般の協議においてバチカン側の主張はつねに頑固であり、現地大使館はロンドンと法王庁の板挟みとなって調整に大変苦労したそうだ。結局、かの大英帝国も「2000年のバチカン」を相手にしてはかなりの譲歩を強いられたようだが、このような場合も結果がすべてであり、現地大使館側の苦労が評価されることはまずない。

後日、ベタンクール法王庁儀典長に「王の間」を案内してもらった際、壁画を眺めながら、「時代も変われば変わったものですね」と、つい言わずもがなのことを口にしてしまったことがある。儀典長は、「ローマ法王は、世界中の元首や王族とほぼ毎日のように会見しています。この程度はよくあることですよ」と答え、まったく意にも介していない様子だった。強がりに聞こえなくもないが、私にはこの程度のハプニングではバチカンの伝統ある精神的権威は微動だにしないという、確たる自信に満ち溢れていると見てとれた。

第6章 日本とバチカンの深い関係

フランシスコ法王と挨拶を交わす著者（2014年）。

太平洋戦争終結に日本はバチカンに仲介を依頼した⁉

日本におけるキリスト教徒は、カトリックが約45万人、プロテスタントが約55万人といわれている。カトリックがイエズス会のフランシスコ・ザビエルとともに16世紀に入ってきたのに対し、プロテスタントの日本での布教は明治維新以降になる。

日本のカトリック信者は総人口比約0・3％にとどまり、カトリック人口は極端に少ない。しかし教育界をはじめとして、政治、文化、芸能、スポーツ、実業界と、さまざまな分野で活躍する著名人は少なくない。

日本がバチカンと正式な外交関係を樹立したのは、太平洋戦争さなかの1942年だった。当時、ムッソリーニのファシズムが吹き荒れるイタリアにおいて権威が失墜していたバチカンだったが、日本がバチカンと国交を結ぶ意義を見出したのはなぜか。米国をはじめとする連合軍との戦闘行為ですべて片づくわけがなく、いずれやってくる講和交渉のテーブルに着くため、バチカンの影響力と仲介外交を期待したからだ。

終戦直前、日本の指導部は終戦工作にあたり、中立条約を結んでいたソ連（当時）にも仲介の労をとってもらうべく働きかけた。その後のソ連による対日侵攻を考えれば、恥ずかしくなるほどの外交感覚だが、それと比べると実現可能性はともかくとして、バチカンにその可能性を探ろうとした方向感覚は決して悪くなかった。

実際、１９４５（昭和20）年5月、バチカンのヴァニョッチという司教を通じて「一米国人」より、和平を仲介する用意があるので日本側と接触したいとの申し出があったという。しかし日本側としては、素性、目的ともに明確ではない一米国人の申し入れは受けられないと回答した。日本史上、もっとも混乱を極めた時代背景を考えると無理もない対応だったかもしれない。しかしここで重要なのは、日本がバチカンに大使館を開いていればこそ、このよう動きもあったということだ。

日本とバチカンの出合い

日本人とカトリックの出合いは、イエズス会のサンフランシスコ・ザビエルが日本の土を踏んだ１５４９年のことだった。戦国時代のまっただなかだ。

第5章でも触れたバチカン図書館には、１６１５年、ある戦国武将がローマ法王宛に送

支倉常長像

った手紙が残されている。手紙の送り主は伊達政宗（1567～1636）だ。私は、いまから400年以上前に、奥州仙台藩主の伊達政宗が当時のローマ法王パウロ5世に宛てた書簡を見せてもらった。

政宗自筆の署名入りの手紙は、慶長遣欧使節団で知られる支倉常長《はせくらつねなが》（1571～1622）に政宗が託したものだ。ラテン語で書かれているが、伊達家の花押《かおう》と政宗の署名は真正のものとされている。

その手紙には、英語と日本語の訳文が添えられていた。古い文体で書かれているので読みづらくはあったが、大意はほとんど理解できる。政宗のローマ法王に対する驚くほどへりくだった様子が読み取れた。いわく、「私は仙台藩がキリスト教の栄光に包まれることを熱望しており、そのためにはローマ法王の忠実な下部《しもべ》として犬馬の労をとることも厭わない。よってわが藩にカトリックの宣教師を速《すみ》やかに派遣してもらいたい。この希望を教皇聖下に請うべく、私はその足下にひれ伏し、そのおみ足に口づけする」という趣旨のことが書かれてあった。

戦国時代を生き抜いた伊達政宗は、実父を見殺しにし、実弟まで自害させている。梟《きょう》雄《ゆう》といわれるほど油断のならない武将だった。当時、徳川家による天下統一がほぼ固まりつつあった時世においても、伊達家による天下制覇の野望を捨てきれなかった彼は、欧州諸国や、ニュースペインと呼ばれたメキシコとの交易を通じて仙台藩を富ませ、その富力を背景に徳川家に対抗することまで考えていたとされている。

こうした貿易を仙台藩が独占するためには、ローマ法王の権威づけがぜひとも必要だったので、嘘も方便、武士の嘘は武略とばかりに割り切り、このような書簡をローマ法王パウロ5世に宛てたものと推察できる。この書簡を目の当たりにした私は、伊達政宗の狡猾《こうかつ》な一面を垣間見ると同時に、その生臭い息を一瞬嗅《か》いでしまったような、奇妙な感覚に襲われた。

しかし、歴史は伊達政宗の思ったようには微笑まなかった。支倉常長がローマでパウロ5世法王に謁見を許され、その書簡を手渡した同じ年、日本では大坂夏の陣が終わり、徳川家の天下統一が確定した。幕府によるキリスト教禁令の徹底化が始まったのはこのころだ。

　政宗は支倉使節一行の帰国を待つことなく、手のひらを返したように仙台藩領でキリスト教徒の弾圧を始めている。常長は１６２０年に帰国しているが、ローマでクリスチャンに改宗した彼を待ち受けていたのは栄光ではなく、過酷な運命だった。時代の波に翻弄《ほんろう》された彼の生涯は、遠藤周作の小説『侍』に見事に描かれている。

　とはいえ、キリスト教に接近した武将がすべて伊達政宗のように打算づくだったわけではない。

　２０１６年１月22日付の国内各紙には、戦国時代の高名なキリシタン大名である高山右《う》近《こん》（１５５２〜１６１５）が、バチカンから「福者《ふくしゃ》」に認定されるという記事が掲載された。２０１７年２月に大阪で高山右近の列福式が開催されることになったという。「福者」とは「聖人」になる前の段階を指す。２０１６年９月、聖人に認定されたマザー・テレサも、それまでは福者だった。同月４日にローマで行なわれた列聖式の際には、サン・ピエトロ広場が約12万人の群集で埋めつくされたという。

　高山右近は、徳川家康が大坂夏の陣で豊臣秀吉の遺児たる秀頼の息の根を止め、徳川幕府の権力を確定した年に死亡している。家康や秀吉ほど知名度はないが、戦国時代末期に現れた、優れた武将として知られている。関ヶ原で繰り広げられた覇権争いの戦では西軍にも東軍にも属さなかったが、なにより最後までキリスト教信仰を捨てなかったことで記憶されている武将でもある。

そのため、当時、禁教令を徹底しはじめた徳川幕府に国外追放され、フィリピンのマニラで病死したとされている。彼の武将としての能力は戦国時代にあっては折り紙つきのものであり、関ヶ原の戦いのあとも高禄で召し抱えるという大名からの誘いがいくらでもあったが、右近はこれらをすべて断り、クリスチャンとしての信仰に殉じたとされている。そして没後４００年目にして、カトリックの殉教者としての名誉がバチカンより与えられる運びとなったのである。

ペトロ・カスイ・岐部（１５８７〜１６３９）という、徳川時代初期のキリスト教禁教令時代に殉教した日本人のクリスチャンも忘れてはならない。幕府大目付、井上政重の「契利斯督記《きりすとき》」に「ペトロ岐部転び申さず候《そうろう》。穴吊りにてつるし殺され候」という記述が残っている。彼は１６３９年、激しい拷問にもかかわらず、息を引き取るまで信仰を捨てなかったことから殉教者となっている。

ペトロ岐部は、江戸幕府によるキリシタン追放令によってマカオに追放されたのち、独力でローマのイエズス会本部を目指して旅立つ。その後、海路と陸路で過酷な一人旅を続け、3年以上の歳月をかけたのち、1620年にローマ入りを果たしている。その途中には、日本人としてはじめて聖地エルサレムを訪問するなど、「日本のマルコ・ポーロ」とも呼ばれる大冒険家である。

ローマで司祭より叙階《じょかい》(聖職者として正式に任命すること)されたのち、あえてキリシタン弾圧の嵐が吹きすさぶ日本に舞い戻り殉教しているが、殺されるのは覚悟のうえでの帰国だったといわれている。

今日では想像を絶するような困難な状況下、たった一人で旅を続けローマ入りを果たした彼は、もともと体が頑健で、健康には恵まれていたそうだ。だが、驚かされるのはその強靭な精神力だ。インドからは陸路をたどったとされているが、当時の状況を考えると、いつどこで命を落としてもまったく不思議ではなかったはずである。その彼の精神を支えていたのがカトリック信仰だったのではないだろうか。その後の彼の人生行路は、最期の瞬間を迎えるときまで、キリスト教徒としての信仰を捨てていない点では首尾一貫していた。

いかに天運が重なったとはいえ、危険な一人旅を完結させた背景には、当時すでにカトリックの世界的なネットワーク網が、現在われわれが想像する以上の密度で整えられていたということも考えられよう。いずれにせよ、「日本のマルコ・ポーロ」による、ローマまでの一人旅は奇跡としかいいようがなく、この快挙を精神面で支えたキリスト教精神に対し、素直に脱帽する。

日本製品がバチカンの運営を下支えする

これまで見てきたように、長い歴史を有する日本とバチカンの関係だが、現在もなお信仰にとどまらないつながりをもっている。とりわけ、日本が有する最先端科学技術は、バチカンの運営を下支えする重要な存在といえる。

バチカン図書館の古文書館に眠る秘宝についてはすでに紹介したが、それらの貴重な文献類を日本のＮＴＴデータがデジタル・アーカイブ技術で整理、保存し、いずれインターネット上で誰でも自由に検索、閲覧できるように順次公開されている。バチカン図書館を案内してもらったときに、デジタル化の前段階ともいえる地道な作業が、イタリア人専門家や技術者により丁寧に行なわれているのを見せてもらったことがある。

日本の大和絵や浮世絵などの破損箇所を修復する作業場だったが、若い人を中心に4〜5人がひとチームになっていた。和気靄々《あいあい》とした雰囲気のなかにも、誰もが使命感をもって、まじめに骨の折れる地道な作業に没頭している様子がよくわかった。

彼らの何人かは日本に行ったことがないにもかかわらず、片言の日本語が話せ、なにより驚かされたのは、私も解読不能な日本の古い文字を理解していることだった。どうやら日本の美術に対する興味と関心が大きな原動力となっているらしい。彼らが専門家として口をそろえて褒めるのは、日本古来の和紙の質の良さと印刷技術の確かさだった。

そのような地道な苦労の成果物が、今度は日本のデジタル・アーカイブ技術により永久保存され、かつインターネット上で自由に公開されるのである。もちろんデジタル化される文献は日本関係のものに限定されず、あらゆる秘宝が、それこそ2000年を遡って整理されたうえで公開される運びだそうだ。これまで秘密のヴェールに包まれていた事実が過去に遡って検証されれば、従来の歴史解釈に変化をもたらすこともありうる。

また、これはバチカン警備責任者から直接聞いた話だが、バチカンの警備体制にも日本の技術が大きく貢献している。キリスト教社会の精神的権威を代表するバチカンに対してはテロの脅威も高まっており、法王の警備はもちろんのこと、サン・ピエトロ大聖堂やバチカン博物館などを含むバチカン市国全体の安全を確保するためのセキュリティシステムが構築されている。１９９９年にはパナソニックが監視カメラ（アナログカメラ、モニタ）数百台を納入したのを皮切りに、同社の製品がバチカン内のさまざまな場所で採用され、つねに最新モデルが提供されているというのである。

いうまでもなく警備の世界は、人間の生命、安全に直結することから、単に性能や技術、経済性だけが問題となるのではなく、当事者間の「信頼関係」がもっとも重要な要素となる。そのような分野においても日本企業の貢献があると耳にしたときは、誇らしい気持ちがしたものである。

さらに、これもまたバチカン図書館長から直に耳にした話であるが、同図書館は日本の凸版印刷とも協力関係にあるという。古代において紙が一般に普及する以前は、特殊処理された羊皮紙が使われていたが、高価であったため、不要となった文字は洗い流されたり削られたりして何度も使用されるものであった。その消去された文字を含めて羊皮紙古文書の内容が復元できれば、歴史的価値は計り知れない。凸版印刷では、画像識別とデジタル化技術を駆使して独自開発した専用機器を用い、原本を傷つけることなく、バチカン図書館所蔵の写本２００冊以上の解読に貢献しているという。

なぜ武力行使を容認する場合があるのか

バチカン外務局の儀典長とひょんなことから親しくなり、幅広いテーマで意見交換する間柄になった。当然のことながら、現在および将来の日本とバチカンの関係について話し込むこともよくあった。

彼は、フランシスコ・ザビエル以来のバチカンと日本の歴史について造詣が深く、遠藤周作の『沈黙』や『侍』なども読んでいる日本通の人物だった。バチカンの精神文化と日本のそれには似通ったところが少なくない、と彼は述べる。人類は、大宇宙という大洋に漂う地球という名の「ノアの方舟」に乗り合わせた運命共同体であり、その船の各船室にはさまざまな民族が乗り合わせている。その日本船室にいる住民は、自らが有している価値に気づかないのか、なかなか自分たちの部屋から外に出ようとしないところに特徴がある、というのだ。

彼が言いたかったのは、バチカンと日本はモラルパワーの面、とくに平和主義を標榜する点で共通の価値観をもっているが、日本はその実現のため、もう少し積極的な姿勢をとってもいいのではないか、ということだったらしい。要するに、バチカンも日本も過去の失敗を反省したうえで、紛争の絶えない国際社会において平和主義を標榜するに至ったが、日本が本来果たせる役割を考えると、なんとなく物足りなさを感じてしまうという指摘である。彼は「単なる印象を述べただけです」と言っていたが、彼の言葉には現在の日本人にとって、本質的な問題となる要素が含まれている気がした。

こんな話を始めると、日本国憲法第9条の解釈を変更したうえで限定的行使が可能となった集団的自衛権の話におよびそうだが、ここで深入りする意図はない。だが、誤解を受けるのは覚悟のうえで、バチカンとの関係で感じた個人的な印象を残しておきたい。その当否については確たる自信があるわけではないが、この重大問題に関する議論を深めるための参考の一つにでもなれば幸いだ。

中世の時代とは違い、いまでは経済面でも軍事面でも影響力を行使しえないのがバチカンだ。そのバチカンが外交を展開するうえで基本原則としているのが徹底した平和主義だが、そこにはつねに冷徹な現実感覚が備わっている。

第4章ですでに触れたが、２０１４年、政府の実効支配がおよんでいなかったとされるイラク北部において、過激ジハーディストによるＩＳの誕生が一方的に宣言され、イラクからシリアにかけて武力による既成事実が積み重ねられていたときの話だ。報道によれば、彼らの意に従わない者は、国籍、宗教、性別を問わず残酷な方法で殺害され、恐怖政治により支配地域が徐々に拡大されていったという。米国とその同盟諸国は、実力行使によりこれを阻止すべく、空爆を主とする迅速な軍事行動に踏み切ったが、注目されるのはこのときバチカンが出した声明だった。

バチカンは、「急迫する迫害行為に対しては、被害者はこれを実力で排除する権利を有する」として、事実上、軍事行動を黙認するメッセージを出している。ここで驚かされたのは、直接の差し迫った迫害行為を受けているとは言いがたい米国の軍事行動を容認した点である。集団的自衛権の行使どころではない世界なのだ。

もちろん、原則としてあらゆる軍事行動を否認するのがバチカンではある。そのときも軍事介入には国連を中心とした国際社会の承認が必要であり、あくまで目的遂行のために必要不可欠な最低限度の武力行使という前提条件を付すことは忘れていない。

法王が記者会見で、「バチカンは武力行使や戦争を容認しているわけでは決してない。だが、被害者は現実化した迫害行為を排除する権利を有する」と何度も強調した。つまり、このメッセージの主眼は、現地のキリスト教徒に対する迫害という現実を踏まえ、

「急迫不正の迫害行為に対しては、武力の行使による排除もやむをえない」という緊急避難的な解釈に立っていることは明らかだ。このように、時と場合によっては必要悪を否定しないのがバチカンなのだ。

なおバチカンは、たとえ必要悪として武力行使を黙認せざるをえない場合でも、国際社会はこれを回避するため最大限努力すべきだとしている。このときも、本来、国連安全保障理事会が機能していれば、ＩＳに対する空爆も避けられたという考えをにじませている。

訪米中のフランシスコ法王が２０１５年9月、ニューヨークの国連本部で演説して国連安保理改革の必要性に言及したのも、こういった背景があってのことだ。安保理常任理事国入りを悲願としている日本政府にとっても、バチカンの意見表明を活用することは十分に考えられる。安保理とは、国連のもっとも重要な機能を果たす中心的な存在である。１９４５年の国連設立時の加盟国は51カ国だったが、２０１６年9月現在では１９３カ国と、約4倍に膨らんでいる。それにもかかわらず、第二次世界大戦の主たる戦勝国である米国、英国、フランス、ロシア、中国の5カ国が、拒否権という絶大な権限を独占したまま安保理常任理事国として君臨しているのである。総論としての安保理改革の必要性はどの国も口にするが、現実には既得権を温存したい常任理事国5カ国をはじめ、拒否権のあり方を含めて各国さまざまな利害得失がからむ複雑な実情を抱えている。

掛け声ばかりで改革はなかなか進展しないのが現実だ。安保理改革は時間をかけて一歩一歩進めていくより他はない。安保理の構成を定める国連憲章を改正するには、まずは国連総会で3分の2の多数を確保する必要がある。そのための多数派工作において、国際社会、とくに中南米などのカトリック系キリスト教国におけるバチカンの影響力をいかに活用するか探ることも無駄とはいえない。

バチカンに学ぶ平和主義

ひるがえって日本国憲法第9条の精神は、理想としては非の打ちどころがなく、まさしく人類社会全体が実現を目指すべき崇高な目標であることは間違いない。一方、その平和主義が、冷厳な国際社会でどれだけの理解を得ることができ、また外交の舞台でどれだけ影響力を発揮することができるかは問われて然るべきだ。日本の歴史と欧州諸国やバチカンの歴史を比較すると、日本ほど国際交流の歴史において経験の少ない、うぶな国もないという事実に気づかされる。これは良いとか悪いとかいう話ではなく、幸か不幸か日本という国の置かれた地政学的な条件に伴う宿命ともいえる。

法王庁内にある16世紀前半に描かれた世界地図を眺めてみれば、日本列島が存在していないことに驚かされる。その地図には、ヨーロッパ大陸は言わずもがな、アフリカ大陸や南米両アメリカ大陸ですらかなり正確に描かれているが、日本は影も形もない。そのような日本であってみれば、外国との関係でも日本人特有の思考法が自然と身についていったものと考えられる。

私が学生のころ、イザヤ・ベンダサンの『日本人とユダヤ人』（角川文庫ソフィア）がベストセラーになった。この名著においても、国際社会における日本人の特殊な感性やものの考え方が鋭く描かれている。いわく、ホロコーストに代表される、筆舌につくしがたい苦難と迫害の歴史を有するユダヤ人と、外国からはほとんど遮断されたような格好で、小さな島国を舞台に「地震、カミナリ、火事、オヤジ」という一過性の災難のみを恐れてきた日本人とのあいだには、国際社会における身の処し方では天と地といえるほど差があるという指摘である。島国であり、国土のほとんどが山岳地帯である日本は、その地政学的条件や気候から、一昔前まで「水と安全はタダ」と考えられてきた。ここでいう「安全」

とは、社会生活上の安全も含まれるが、むしろ外敵や異民族からの侵略を念頭に置いた国としての安全である。昨今、水や社会生活上の安全に対する認識には変化があるようだが、国家の安全についてはいかがだろうか。

こうした比較をすることで、短絡的に「人類社会の理想」と「国際社会の現実」を峻《しゅん》別《べつ》すべきである、というような結論を引き出すつもりはない。ただ、現実の国際環境を踏まえた平和主義のあり方については、あらゆるタブーを排除したうえで、国民一人ひとりが理解を深めることができるよう、自由な議論ができる環境をつくることがなによりも大切なのではないだろうか。

あるとき、懇意のバチカン外交官と仕事を離れた幅広いテーマについて、時が経つのも忘れて話し込んだことがあったが、そのとき彼が、「北大西洋条約機構（NATO）や米国の核抑止力がなければ、欧州では第三次世界大戦が勃発していた可能性が高かったのではないかと個人的には感じている」と述べたのをよく覚えている。その見解の当否についてはいくらでも議論の余地があろう。ここで銘記すべきは、絶対的な愛と平和の精神を掲げるバチカンの幹部が「すべては神の思し召し」というところで安住していない点だ。歴史的経緯を踏まえたうえで国際情勢を冷静に考察しようという姿勢には敬意を感じざるをえなかった。

日本人は、どこまで彼のように国際社会に向き合っているだろうか。

２０１５年は、かつてない惨禍《さんか》をもたらした太平洋戦争が終結してから70年目の節目の年にあたった。70年のあいだ日本では、外国の戦場で命を落としたわが子の遺体の前で泣き崩れる母親を一人も出さず、もっぱら経済的繁栄を享受してきた。日本人は、その僥《ぎょう》倖《こう》に心から感謝することを忘れてはなるまい。

同時にこれからは、なぜそのような奇跡が可能となったのか、また次の70年間もそのまま同じことが可能なのか、真剣で幅広い国民的議論が必要になる。そのためには、右とか左とか安易なレッテルを貼ることは避けたい。感情的な意見をぶつけあうのではなく、異なる見解をもつ相手の言い分にも真摯に耳を傾け、建設的な議論を通じて国民的な意思の統合を図っていくことが正しい道に違いない。それだけが政治権力の暴走をチェックしつつ、また同時に、真の平和主義のあり方を探っていく唯一の道となるのではないだろうか。

２０１７年1月、オバマ大統領は8年の任期を終えてホワイトハウスをあとにした。オバマ政権の実績についてはいずれ歴史的な評価が定まってくると思われるが、こと外交に関していえば内向きの姿勢が目立ち、世界中で力の空白を生み出し、国際情勢の不安定化につながったとの批判は根強い。こうした外交のあり方は、オバマの個人的信条によるところもあったのだろうが、むしろ米国国民全体のムードが反映されているのではないか。もしそうであれば、今後、米国で誰が大統領になろうとも、長期的には「世界の警察官」を降りた米国を想定しておく必要が出てくる。2017年1月に就任したトランプ米国大統領はポピュリストと評され、国際紛争に対する米国のコミットメントには消極的なスタンスを取ってきた。

世界はつねに動いている。国家安全保障にかかわる問題で、民主的な議論を通じて国民的総意を得ることは「言うは易く行なうは難し」に他ならない。われわれ一般市民にとっては、他に関心事項はいくらでもある。平和の問題は、専門家以外の普通の市民にとって、複雑かつなじみにくいテーマだが、ことの重大さに鑑みれば国民一人ひとりが可能なかぎり理解を深める必要がある。共通の認識に基づき外交政策を決定していかなければならない政権与党の役割と責任は極めて重大であり、時間がかかろうとも、自らが掲げる政策への理解を得る不断の努力と工夫が必要とされる。

1889(明治22)年2月にわが国初の憲法(大日本帝国憲法)が発布された際には、国民が言語に絶する騒ぎを演じ、東京全市が飾られ、記念祝賀会や提灯行列などが連日繰り広げられたという。当時、「お抱え外国人」として日本に滞在していたドイツ人医師ベルツの『ベルツの日記』（トク・ベルツ編、菅沼竜太郎訳、岩波文庫）には、「滑稽なことには誰も憲法の内容をご存じないのだ」と記されている。憲法発布を「ケンポーハッピ」と聞き違え、「なにやら知らないが、お上がケンポーという有難いハッピを国民全員に下賜くださるそうだ」というトンチンカンな噂まで流布《るふ》したという話もある。その時代の日本人と比べれば、現代のわれわれははるかに教育や知識が向上しているはずだ。テーマが平和や安全保障の問題であっても、適切な環境さえ整えば、真に冷静な議論を経て国民意思の統合を実現することも決して夢ではあるまい。

その過程において、私は憲法改正の是非ですら、自由に議論できるような社会環境が必要だと考える。

「汝《なんじ》殺すなかれ」で有名な「モーセの十戒」に改正手続きの規定はない。宗教の世界のことであるから当然であろう。しかし人間がつくった日本国憲法には、世界中の憲法や基本法と同様に、第96条の改正規定がある。こんなふうに書くと、すぐにも「あなたは平和憲法の改憲論者か！」と詰問されそうだが、それはまったくの誤解である。冷静なる読者のみなさんにはおわかりいただけると信じているが、私は憲法改正の是非ではなく、可能か不可能かを述べているにすぎない。改正の是非について国民意見の統一を図っていくには、まだかなりの時日を必要とすると思われるが、可否に関してはつねに意識しておく必要があると私は考える。

ローマ法王は歴史認識問題にどう答えるか

日本の外交、とくに中国や韓国との近隣外交を考えるうえで欠かせない歴史認識問題と、バチカンの関係にも触れておきたい。

ご承知のとおり、慰安婦問題については２０１５年末、韓国政府とのあいだで合意が成立した。韓国内では日韓合意に対する批判が根強く残っているが、この数十年を鑑みれば重要な一歩を踏み出すことができたと思う。一方、旧日本軍による南京虐殺事件をめぐる中国との論争など、アジアの隣国とのあいだでいまだに溝が埋まらず、そのときの状況によってクローズアップされる問題が少なからず残っているのが現実だ。

歴史認識をめぐっては、関係国がバチカンに対し、あらゆるつてをたどって働きかけを行なっているのが実情だ。精神的権威を世界的に認められたバチカンは、関係国にとってぜひとも味方に引き入れたい存在なのだ。バチカンとしては、たとえ内心は特定の見解をもっている場合でも、公式には中立の立場を崩すことはせず、あくまで未来志向の立場から発言するのが常となっている。その発言も、もっぱら報道関係者からの質問に答えるかたちで行なわれることが多い。まったく異なる歴史認識を有する関係国の前では、安易に意見を表明することがない。厳正中立を堅持する善意の仲介者、調停者としての自由を確保している面もある。

２０１４年の夏、フランシスコ法王がはじめて韓国を訪問した際、韓国国民の熱烈な歓迎を受けた。じつはこの訪問にあわせ、韓国側では、元慰安婦とローマ法王の会見を実現させ、この問題を世界中のメディアを通じて国際社会に訴えることを画策しているとの噂が広がった。フランシスコ法王の世界的な人気と、その動向に関する国際メディアの白熱した報道ぶりを勘案すれば、韓国政府や関係団体の一部にこれを千載一遇のチャンスと見なす人がいたとしても不思議ではない。

法王の韓国訪問を結果だけから振り返ってみると、バチカンは非常にうまく対応したといえる。バチカンの動きからは、この問題に関する韓国側と日本側の言い分の扱いに十分意を用いた形跡がうかがえる。

法王の韓国訪問期間中は、例によって国際メディアが毎日のようにその動向を詳細に報道したが、慰安婦問題に焦点が当てられることはなく、したがっていたずらに政治問題化することもなかった。それでいて、元慰安婦の方々の心情を慰める対応もとっている。フランシスコ法王は、訪問中に企画された大衆ミサにおいて元慰安婦の方々と握手を交わす機会があった。メディアが報じるところによれば、その感想を聞かれた法王は、「悲惨な過去があったにもかかわらず、彼女らが人間としての尊厳を保っていることに私は大変な感銘を受けた」と答えたという。

法王の答えからは、この問題を国家間の問題として政治的にとらえることなく、あくまで生身の人間の問題として理解しようとする精神が息づいているように思えてならない。歴史問題にかぎらず、現在進行形の国際紛争に関しても、国家単位の問題処理や判断だけではとかく不信が不信を生む構図となりやすく、悪循環に陥る危険がある。

生身の人間を、政治的であれ思想的であれ集合体の一部としてとらえれば、個々の人間の真実は見えない。えてして問題の本質的な理解や解決からは、かえって遠ざかる結果になりがちになる。可能なかぎり個々の人間のレベルの問題としてとらえ、かつ対処しようと努めるのがフランシスコ法王の信念ではないだろうか。

歴史認識にかかわる論争をめぐり、バチカンが絶妙に対応した事例は韓国訪問だけにとどまらない。

フランシスコ法王は韓国訪問に続く外遊として、２０１４年11月末にトルコを公式訪問している。各種報道によると、就任したばかりのエルドアン・トルコ大統領とのあいだで、対ＩＳ対策、シリア問題、イラン核開発疑惑などについて相当突っ込んだ意見交換が行なわれたようだ。なかでも国際メディアの関心は、２０１５年に１００周年を迎える第一次世界大戦中のトルコによるアルメニア人大量虐殺事件に関するフランシスコ法王の見解に集まった。

フランシスコ法王は２０１４年６月、トルコ軍によるアルメニア人大量虐殺を20世紀における人類最初のジェノサイドであると発言している。国際論争の種となっている問題については、いかなる言葉を使用するかが極めて大きな意味をもつ。国際メディアもまさにそのあたりを意地悪くついてくるものだが、フランシスコ法王はいったいどのようなテクニックを有しているのか、これまで一度も揚げ足を取られるようなことはなかった。

それはトルコ訪問の際も同じで、アルメニア人大量虐殺問題に関する過去の法王発言が、トルコ側から問題にされることはなかったようだ。トルコ訪問中はさすがに一度もジェノサイドという言葉は使用しなかったが、法王のトルコ訪問が終了したあと、トルコ政府もアルメニア政府も、この問題をめぐるバチカンの対応にはいかなる苦情も示しておらず、あたかもこの問題は訪問のあいだ一切話題にならなかったような印象さえ与えている。

バチカンとは、その長い歴史と神学論争を通じてソフィスティケートされた議論の術《すべ》を発展させてきた世界である。聖母マリアは処女のままでその耳から受胎したが、なぜキリストは耳から生まれてこなかったか、というようなことを大まじめに議論し、かつ聞き手を納得させる弁論術を幾年にもわたり練り上げてきた特殊な文化を有しているのだ。そのような蓄積があるにせよ、法王がトルコ訪問を無事に乗り切った背景には、やはり法王自身の人格や力量も無視しえない。

まったく同じ言葉でも、それを口にする人によって受け取り手の印象が大きく変わることは、われわれも日常生活のなかで少なからず経験している。現在、国際社会の各国リーダーたちの顔をいろいろ思い浮かべてみると、どこの国の誰とはいわないが、その国に生まれなくて本当に良かった、と思わせるような人物もいる。私にとって、フランシスコ法王の印象はまさにその対極に位置する。たしかに、現実の国際社会を構成する国々の指導者にとって、強制力を担保にした権力こそ、もっとも重要な要素となるのは間違いない。しかし、リーダーとして真に永続的な影響力を行使していくためには、それ以上に人間としての魅力や人格力も看過できない重大な要素となる。

さて、歴史認識をめぐる議論において、バチカンは厳正中立の立場を厳守していると書いたが、バチカンが当事者である場合はもちろんこの限りではない。2015年7月9日、フランシスコ法王は南米ボリビアの東部サンタクルスを訪問した際、欧州諸国による南米での植民地支配の歴史に言及し、「神の名において多くの深刻な罪が先住民に対してなされてきた。その歴史に対し謙虚に赦しを請う」と発言し、植民地時代に教会が罪を犯したことを認め、改めてローマ法王の名において正式に謝罪した。これなどは、南米アルゼンチン出身のフランシスコ法王であればこそ実現できたものだ。これまでの欧州出身の法王ではそうはいかなかったのではないだろうか。そしてまたその事実が、フランシスコ法王の南米における人気をさらに高めていくのである。

モラルパワー大国バチカンとの連携

わが国としてもバチカンの国際社会におよぼすモラルパワーとその影響力に対し、これまでとは異なる評価を与える必要がある。

日本は、バチカンと違い経済力、技術力というハードパワーももっている。さらには日本のモラルパワーも、日本人が自覚していないだけで、国際場裡においては一定の評価を得ている。紛争当事国には絶対に武器輸出をしない産業大国、国際約束は必ず履行するとの評価が確立した国際的信頼性、相手側の立場に立ち、世界中の途上国に実施している政府開発援助（ODA）など、その具体例はいくらでもある。

その誇るべき特性を国際社会に対し、より有効にアピールしていくうえでも、バチカンから学ぶべきところは学び、国際場裡で協力していける分野を積極的に探っていくという姿勢が肝心だ。

さらにいえば、若干、品性が落ちる表現になって恐縮だが、「使い勝手のいいバチカン」と割り切ったうえで、フィリピンやブラジルなど、カトリックの影響が伝統的に強い国に対する外交にバチカンを生かすことを検討していくべきである。どんな切り口でもよいから、日本の外交とバチカンのそれは同じ方向を向いているという事実をアピールできれば、意外なところで大きな効果が期待できるのではないか。

世界のグローバル化は、時代時代によって逆流することがあるかもしれない。しかし、基本的にはこれからも進み、日本人もいままで以上に海外に出ていくかもしれないし、日本に住む外国人もさらに増えるであろう。なにしろ日本の伝統国技たる大相撲の3人の横綱を含め、関取と呼ばれる幕内力士の4割以上が外国人で占められているご時世なのだ。また、街を歩けば日本語以外の外国語が耳に飛び込んでくるのも、ありふれた日常風景となっている。経済の相互依存化はさらに進むことが確実だろうし、ウクライナ問題であれ、シリア情勢であれ、中東和平であれ、日本人にとって他人事として放置できる国際問題などない。

バチカンはモラルパワーの大国だ。なおかつ、真のコスモポリタン文化を有することでは長い歴史と経験を蓄積してきた組織でもある。変動が激しい国際社会において、そのようなバチカンとの関係をしっかりと築いていくことの意義は十分にある。

そのバチカンでは2015年3月、フランシスコ法王の懐刀《ふところがたな》と噂され、近年稀に見る名国務長官であるといわれているパロリン国務長官が、より能動的、積極的なバチカン外交の推進を宣言した。バチカンは単なるオブザーバーや批評家の立場にとどまることなく、国際問題の解決により積極的な役割を果たしていく、との基本方針を明言したのである。

キリスト教本来の教えとは、キリスト教信者のみならず全人類の幸福を追い求めるものであり、世界中の武力紛争はもちろんのこと、貧困問題、地球環境問題、人権問題、人身売買問題、難民問題など、人類の幸福を脅かす問題に対しては、すべてバチカンが直接当事者として関与していくべきである、というメッセージがパロリン国務長官の宣言から読み取れる。

繰り返しになるが、経済力であれ、軍事力であれ、直接的な強制力を裏づけとした外交手段を有していないバチカンである。パロリン国務長官の意図は、精神的権威を背景とした仲裁外交の促進にあるのだろうが、冷厳な国際政治・外交の舞台でバチカンのモラルパワーがどれだけの影響力を行使していけるかは注目に値する。

一方、日本も安倍晋三政権の下、積極的平和主義の推進という外交理念が打ち出されている。集団的自衛権の範囲をめぐる論争もその延長線上で派生してきた議論だが、より良い世界の構築を目指し、より能動的な役割を果たしていくという点では、バチカンの宣言と共通するところがある。こうした事実を踏まえれば、バチカンとの対話促進を図る意義は十分にある。

おわりに──バチカンには新しい風が吹いている

日本人の誰しもが、知っているようでじつはよく知らない、というのがバチカンの世界ではないだろうか。私は本書を通じ、その素顔を読者のみなさんに紹介したかったが、どれだけ正確に伝えられただろうか。バチカンは複雑な組織であり、時間的にも空間的にも、どこから入っていけばよいかとまどうほど切り口が多様な世界なのだ。

決して長くはない限定された期間ではあったが、私はフランシスコ法王が就任した直後から始まるバチカン内部の変動ぶりを現地でつぶさに観察できる幸運に恵まれた。その驚きを記憶にとどめ、より多くの方と共有できればと考え、筆を執ったしだいである。

本文にも書いたが、私は在勤中、フランシスコ法王と何度か握手する機会を得た。印象的だったのは柔らかな温かい手と、相手の瞳をじっと覗き込み、「あなたも私にとっては重要な存在ですよ」とでも言っているような優しい目つきだったことだ。

だからかもしれない。いまここで自分の書いたものを改めて読み直してみると、フランシスコ法王に対する個人的思い入れが強すぎるところがあり、読者のなかには首をかしげる方も少なくないであろうと思われる。たしかにローマでは、聖職者、外交官、ジャーナリストなどバチカン関係者に日々囲まれて暮らしていた。そのせいもあってか、バチカンや法王の存在が意識的にも無意識的にも大きくなった可能性は否定できない。とくに、離任から1年以上経ったいま、キリスト教がバチカンほど身近ではない日本で暮らしていると、なぜかその感を強くする。

しかしそれでもなお、グローバル化が進み、人類社会共通の精神的価値観が求められている今日、バチカンの果たす役割は決して過小評価できないと信じている。そして、フランシスコ法王の存在そのものが、再生しつつある現在のバチカンを象徴しているように思えるのである。

いま、この法王の下でバチカンには新しい風が吹いている。

バチカンの精神的権威を背景とした政治力を理解すれば、世界の動きがわかるというほど現代世界は単純なものではない。しかし、世界の動きをよりよく、かつより深く理解する一助になるというのも、また間違いないと信じている。

本書を手に取られたことが、バチカンに対する読者諸賢の興味と関心が少しでも増進する機会となれば幸いだ。

思い返してみると、聖職者であれ、外交官であれ、はたまた出入りの業者であれ、バチカンの関係者と接していると、新たな視点からものを考えさせられたり、知的好奇心を刺激されたりすることが少なくなかった。そのなかでもとくに強く印象に残っている、ある聖職者の言葉を紹介しておきたい。

神が造られた人間とは、そもそも矛盾に満ちた複雑な生き物である。われわれは誰しも富を求めるが、それを他と分かち合うことには熱心になれず、富を前にしたとき人間としての絆《きずな》は弱まる。逆に、人間とは貧困や苦難を分かち合うときのほうがはるかに絆が強くなる生き物である。

たしかに人間とは、共通の利益や富を前にしたときよりも、共通の脅威や貧苦を前にしたときのほうが、団結力が高まるという不思議な生き物である。今後もこの精神が発揮され、世界の貧困問題、環境、難民、テロ、核拡散などの人類共通の脅威に対して、国際社会の一致団結した取り組みが実現するよう願ってやまないところである。

なお、本書は大学時代の友人である、時事通信社の岡本幸彦君に筆を執るきっかけを与えてもらった。時事通信フォトの大脇幸一郎氏や、本書の企画段階から完成まで極めて有意義な助言をいただいたＰＨＰ研究所の堀井紀公子氏、その他この本にかかわってくださったみなさんに心から御礼を申し上げたい。

２０１７年１月

徳安　茂

写真クレジットリスト

・AFP=時事
p.23,47(AFP PHOTO / OSSERVATORE ROMANO),53,59,71,147,163,193

・Bridgeman image ／時事通信フォト
p.145

・dpa ／時事通信フォト
p.12-13,105,135

・EPA ／時事
p.133

・時事通信フォト
p.21

PHP新書
PHP INTERFACE
http://www.php.co.jp/

徳安　茂［とくやす・しげる］
元外交官。前バチカン公使。1951年、東京生まれ。1975年3月、青山学院大学法学部卒業。1975年4月、外務省入省。フランス語研修を命じられフランスのナンシーおよびグルノーブル大学留学。1978年7月、在セネガル日本国大使館勤務。以降、ベルギー、モロッコ、マダガスカルなどのフランス語圏諸国在勤。2013年4月～2015年3月、在バチカン日本国大使館公使を務めた。

なぜローマ法王は世界を動かせるのか
——インテリジェンス大国バチカンの政治力　PHP新書1083

二〇一七年三月一日　第一版第一刷

著者——徳安　茂
発行者——岡　修平
発行所——株式会社PHP研究所
東京本部——〒135-8137 江東区豊洲5-6-52
学芸出版部新書課 ☎03-3520-9615（編集）
普及一部 ☎03-3520-9630（販売）
京都本部——〒601-8411 京都市南区西九条北ノ内町11
組版——朝日メディアインターナショナル株式会社
装幀者——芦澤泰偉＋児崎雅淑
印刷所
製本所——図書印刷株式会社

ISBN978-4-569-83268-5

ＰＨＰ新書刊行にあたって

「繁栄を通じて平和と幸福を」(PEACE and HAPPINESS through PROSPERITY)の願いのもと、ＰＨＰ研究所が創設されて今年で五十周年を迎えます。その歩みは、日本人が先の戦争を乗り越え、並々ならぬ努力を続けて、今日の繁栄を築き上げてきた軌跡に重なります。

しかし、平和で豊かな生活を手にした現在、多くの日本人は、自分が何のために生きているのか、どのように生きていきたいのかを、見失いつつあるように思われます。そして、その間にも、日本国内や世界のみならず地球規模での大きな変化が日々生起し、解決すべき問題となって私たちのもとに押し寄せてきます。

このような時代に人生の確かな価値を見出し、生きる喜びに満ちあふれた社会を実現するために、いま何が求められているのでしょうか。それは、先達が培ってきた知恵を紡ぎ直すこと、その上で自分たち一人一人がおかれた現実と進むべき未来について丹念に考えていくこと以外にはありません。

その営みは、単なる知識に終わらない深い思索へ、そしてよく生きるための哲学への旅でもあります。弊所が創設五十周年を迎えましたのを機に、ＰＨＰ新書を創刊し、この新たな旅を読者と共に歩んでいきたいと思っています。多くの読者の共感と支援を心よりお願いいたします。

一九九六年十月

ＰＨＰ研究所

PHP新書

［政治・外交］

318・319 憲法で読むアメリカ史（上・下） 阿川尚之
426 日本人としてこれだけは知っておきたいこと 中西輝政
745 官僚の責任 古賀茂明
746 ほんとうは強い日本 田母神俊雄
807 ほんとうは危ない日本 田母神俊雄
826 迫りくる日中冷戦の時代 中西輝政
841 日本の「情報と外交」 孫崎 享
874 憲法問題 伊藤 真
881 官房長官を見れば政権の実力がわかる 菊池正史
891 利権の復活 古賀茂明
893 語られざる中国の結末 宮家邦彦
898 なぜ中国から離れると日本はうまくいくのか 石 平
920 テレビが伝えない憲法の話 木村草太
931 中国の大問題 丹羽宇一郎
954 哀しき半島国家 韓国の結末 宮家邦彦
964 中国外交の大失敗 中西輝政
965 アメリカはイスラム国に勝てない 宮田 律
967 新・台湾の主張 李 登輝
972 安倍政権は本当に強いのか 御厨 貴
979 なぜ中国は覇権の妄想をやめられないのか 石 平
982 戦後リベラルの終焉 池田信夫
986 こんなに脆い中国共産党 日暮高則
988 従属国家論 佐伯啓思
989 東アジアの軍事情勢はこれからどうなるのか 能勢伸之
993 中国は腹の底で日本をどう思っているのか 富坂 聰
999 国を守る責任 折木良一
1000 アメリカの戦争責任 竹田恒泰
1005 ほんとうは共産党が嫌いな中国人 宇田川敬介
1008 護憲派メディアの何が気持ち悪いのか 潮 匡人
1014 優しいサヨクの復活 島田雅彦
1019 愛国ってなんだ 民族・郷土・戦争 古谷経衡［著］／奥田愛基［対談者］
1024 ヨーロッパから民主主義が消える 川口マーン惠美
1031 中東複合危機から第三次世界大戦へ 山内昌之
1042 だれが沖縄を殺すのか ロバート・D・エルドリッヂ
1043 なぜ韓国外交は日本に敗れたのか 武貞秀士
1045 世界に負けない日本 薮中三十二
1058 「強すぎる自民党」の病理 池田信夫
1060 イギリス解体、EU崩落、ロシア台頭 岡部 伸
1066 習近平はいったい何を考えているのか 丹羽宇一郎

1076 日本人として知っておきたい「世界激変」の行方　中西輝政

［**経済・経営**］

187 働くひとのためのキャリア・デザイン　金井壽宏
379 なぜトヨタは人を育てるのがうまいのか　若松義人
450 トヨタの上司は現場で何を伝えているのか　若松義人
543 ハイエク 知識社会の自由主義　池田信夫
587 微分・積分を知らずに経営を語るな　内山 力
594 新しい資本主義　原 丈人
620 自分らしいキャリアのつくり方　高橋俊介
752 日本企業にいま大切なこと　野中郁次郎／遠藤 功
852 ドラッカーとオーケストラの組織論　山岸淳子
882 成長戦略のまやかし　小幡 績
887 そして日本経済が世界の希望になる
ポール・クルーグマン［著］／山形浩生［監修・解説］／大野和基［訳］
892 知の最先端　クレイトン・クリステンセンほか［著］／大野和基［インタビュー・編］
901 ホワイト企業　高橋俊介
908 インフレどころか世界はデフレで蘇る　中原圭介
932 なぜローカル経済から日本は甦るのか　冨山和彦
958 ケインズの逆襲、ハイエクの慧眼　松尾 匡
973 ネオアベノミクスの論点　若田部昌澄
980 三越伊勢丹　ブランド力の神髄　大西 洋
984 逆流するグローバリズム　竹森俊平
985 新しいグローバルビジネスの教科書　山田英二
998 超インフラ論　藤井 聡
1003 その場しのぎの会社が、なぜ変われたのか　内山 力
1023 大変化――経済学が教える二〇二〇年の日本と世界　竹中平蔵
1027 戦後経済史は嘘ばかり　髙橋洋一
1029 ハーバードでいちばん人気の国・日本　佐藤智恵
1033 自由のジレンマを解く　松尾 匡
1034 日本経済の「質」はなぜ世界最高なのか　福島清彦
1039 中国経済はどこまで崩壊するのか　安達誠司
1080 クラッシャー上司　松崎一葉
1081 三越伊勢丹　モノづくりの哲学　大西 洋／内田裕子

［**歴史**］

061 なぜ国家は衰亡するのか　中西輝政
286 歴史学ってなんだ?　小田中直樹
505 旧皇族が語る天皇の日本史　竹田恒泰
591 対論・異色昭和史　鶴見俊輔／上坂冬子
663 日本人として知っておきたい近代史［明治篇］　中西輝政
734 謎解き「張作霖爆殺事件」　加藤康男

934 世界遺産にされて富士山は泣いている　野口 健
936 山折哲雄の新・四国遍路　山折哲雄
948 新・世界三大料理
神山典士［著］／中村勝宏、山本豊、辻芳樹［監修］
971 中国人はつらいよ――その悲惨と悦楽　大木 康

［社会・教育］

117 社会的ジレンマ　山岸俊男
335 NPOという生き方　島田 恒
418 女性の品格　坂東眞理子
495 親の品格　坂東眞理子
504 生活保護vsワーキングプア　大山典宏
522 プロ法律家のクレーマー対応術　横山雅文
537 ネットいじめ　荻上チキ
546 本質を見抜く力――環境・食料・エネルギー
養老孟司／竹村公太郎
586 理系バカと文系バカ　竹内 薫［著］／嵯峨野功一［構成］
602 「勉強しろ」と言わずに子供を勉強させる法　小林公夫
618 世界一幸福な国デンマークの暮らし方　千葉忠夫
621 コミュニケーション力を引き出す　平田オリザ／蓮行
629 テレビは見てはいけない　苫米地英人
632 あの演説はなぜ人を動かしたのか　川上徹也
681 スウェーデンはなぜ強いのか　北岡孝義
692 女性の幸福［仕事編］　坂東眞理子
706 日本はスウェーデンになるべきか　高岡 望
720 格差と貧困のないデンマーク　千葉忠夫
741 本物の医師になれる人、なれない人　小林公夫
780 幸せな小国オランダの智慧　紺野 登
783 原発「危険神話」の崩壊　池田信夫
786 新聞・テレビはなぜ平気で「ウソ」をつくのか　上杉 隆
789 「勉強しろ」と言わずに子供を勉強させる言葉　小林公夫
792 「日本」を捨てよ　苫米地英人
819 日本のリアル　養老孟司
823 となりの闇社会　一橋文哉
828 ハッカーの手口　岡嶋裕史
829 頼れない国でどう生きようか　加藤嘉一／古市憲寿
832 スポーツの世界は学歴社会　橘木俊詔／齋藤隆志
847 子どもの問題　いかに解決するか　岡田尊司／魚住絹代
854 女子校力　杉浦由美子
857 大津中2いじめ自殺　共同通信大阪社会部
858 中学受験に失敗しない　高濱正伸
869 若者の取扱説明書　齋藤 孝
870 しなやかな仕事術　林 文子

［心理・精神医学］

065 社会的ひきこもり 斎藤 環
103 生きていくことの意味 諸富祥彦
171 学ぶ意欲の心理学 市川伸一
304 パーソナリティ障害 岡田尊司
364 子どもの「心の病」を知る 岡田尊司
381 言いたいことが言えない人 加藤諦三
453 だれにでも「いい顔」をしてしまう人 加藤諦三
487 なぜ自信が持てないのか 根本橘夫
550 「うつ」になりやすい人 加藤諦三
583 だましの手口 西田公昭
695 大人のための精神分析入門 妙木浩之
697 統合失調症 岡田尊司
796 老後のイライラを捨てる技術 保坂 隆
825 事故がなくならない理由《わけ》 芳賀 繁
862 働く人のための精神医学 岡田尊司
867 「自分はこんなもんじゃない」の心理 榎本博明
895 他人を攻撃せずにはいられない人 片田珠美
910 がんばっているのに愛されない人 加藤諦三
918 「うつ」だと感じたら他人に甘えなさい 和田秀樹
942 話が長くなるお年寄りには理由《わけ》がある 増井幸恵
952 プライドが高くて迷惑な人 片田珠美
953 なぜ皮膚はかゆくなるのか 菊池 新
956 最新版「うつ」を治す 大野 裕
977 悩まずにはいられない人 加藤諦三
992 高学歴なのになぜ人とうまくいかないのか 加藤俊徳
1063 すぐ感情的になる人 片田珠美

［文学・芸術］

258 「芸術力」の磨きかた 林 望
343 ドラえもん学 横山泰行
415 本の読み方 スロー・リーディングの実践 平野啓一郎
421 「近代日本文学」の誕生 坪内祐三
497 すべては音楽から生まれる 茂木健一郎
519 團十郎の歌舞伎案内 市川團十郎
578 心と響き合う読書案内 小川洋子
581 ファッションから名画を読む 深井晃子
588 小説の読み方 平野啓一郎
731 フランス的クラシック生活 ルネ・マルタン［著］／高野麻衣［解説］
781 チャイコフスキーがなぜか好き 亀山郁夫
820 心に訊《き》く音楽、心に効く音楽 高橋幸宏
843 仲代達矢が語る 日本映画黄金時代 春日太一
905 美 福原義春
913 源静香は野比のび太と結婚するしかなかったのか 中川右介

［**人生・エッセイ**］

［**知的技術**］

573 1分で大切なことを伝える技術 齋藤 孝
646 世界を知る力 寺島実郎
673 本番に強い脳と心のつくり方 苫米地英人
718 必ず覚える！ 1分間アウトプット勉強法 齋藤 孝
737 超訳 マキャヴェリの言葉 本郷陽二
747 相手に9割しゃべらせる質問術 おちまさと
749 世界を知る力 日本創生編 寺島実郎
762 人を動かす対話術 岡田尊司
768 東大に合格する記憶術 宮口公寿
805 使える！「孫子の兵法」 齋藤 孝
810 とっさのひと言で心に刺さるコメント術 おちまさと
835 世界一のサービス 下野隆祥
838 瞬間の記憶力 楠木早紀
846 幸福になる「脳の使い方」 茂木健一郎
851 いい文章には型がある 吉岡友治
876 京大理系教授の伝える技術 鎌田浩毅
878 [実践] 小説教室 根本昌夫
886 クイズ王の「超効率」勉強法 日高大介
899 脳を活かす伝え方、聞き方 茂木健一郎
929 人生にとって意味のある勉強法 陰山英男
933 すぐに使える！ 頭がいい人の話し方 齋藤 孝
944 日本人が一生使える勉強法 竹田恒泰
983 辞書編纂者の、日本語を使いこなす技術 飯間浩明
1002 高校生が感動した微分・積分の授業 山本俊郎
1054 「時間の使い方」を科学する 一川 誠
1068 雑談力 百田尚樹
1078 東大合格請負人が教える できる大人の勉強法 時田啓光

[自然・生命]

208 火山はすごい 鎌田浩毅
299 脳死・臓器移植の本当の話 小松美彦
777 どうして時間は「流れる」のか 二間瀬敏史
808 資源がわかればエネルギー問題が見える 鎌田浩毅
812 太平洋のレアアース泥が日本を救う 加藤泰浩
833 地震予報 串田嘉男
907 越境する大気汚染 畠山史郎
917 植物は人類最強の相棒である 田中 修
927 数学は世界をこう見る 小島寛之
928 クラゲ 世にも美しい浮遊生活 村上龍男／下村 脩
940 高校生が感動した物理の授業 為近和彦
970 毒があるのになぜ食べられるのか 船山信次
1016 西日本大震災に備えよ 鎌田浩毅